目次

第二章 這不是我一個人能夠解決的問題

第三章 沒有名字的戒酒會

第四章 讓我們一起變好

第五章　親愛的孩子，我要告訴你們一件事

第六章　清醒之後

推薦序

真正的強大與勇敢

劉梓潔　作家、編劇，曾任臺北藝術大學文學所客座助理教授

「我叫馬修，我是個酒鬼，我無話可說。」

馬修是我認識的第一個酒鬼。存在於勞倫斯・卜洛克（Lawrence Block）的偵探小說，硬漢私家偵探馬修一邊對抗酒精，一邊與光怪陸離的謀殺與惡意決鬥，在一日將盡時，走進教堂地下室的ＡＡ匿名戒酒會（Alcoholics Anonymous，簡稱ＡＡ）。紐約八百萬人有八百萬種死法，而馬修是紐約犯罪風景的行吟詩人。

從沒想過，在臺灣兩千三百萬人之中，我也會遇見一個匿名戒酒會的成員。

我們相遇的情境，是臺北藝術大學文學跨域創作所寫作指導課的面談，當時艾珊告

訴我，她正在戒酒，並想把這過程做為她的寫作計畫。我的故事雷達訊號瞬間衝上滿格，像是堵到一個女馬修，興奮地一連問了她好多問題，像是：所以你們每次聚會，都要說那句話嗎？

「對，我是酒鬼，我姓郭。我第一次去，說完這句話眼淚就流下來了。」艾珊平靜地回答，天啊，我聽了眼淚也快流出來。妳醉到最狼狽是什麼樣子？艾珊想了一下，回答：「全身酒臭、路都走不穩，傍晚還是搖搖晃晃走到校門口接小孩，結果是兩個小孩一人牽一邊，把我牽回家。」後來，艾珊傳來一篇散文，寫的就是這段酒鬼媽媽的一天，這次也收在《我這麼幸福，為什麼還需要灌醉自己？》的第五章。

當天我接著又問了：所以妳也有輔導員嗎？你們都在哪裡聚會？那些成員都是什麼樣子？艾珊一一溫柔回答，速食店、運動服、桌上擺滿書，這些畫面與關鍵字都還點狀地留在我記憶中。在讀《我這麼幸福，為什麼還需要灌醉自己？》時，彷彿又一一將這些點串起來。艾珊在這本真誠的戒酒歷程中，再次坦誠、鮮活而幽默地，為一個普通人、或者門外人解答了所有疑惑。但我同時也好奇，什麼樣的人會想讀這本書呢？是像我一樣，帶著故事雷達想一探究竟的人？是意識到自己可能有酒癮，需要求助的人？是身邊的人有酒癮，想要幫助他們的人？讀完之後，我的答案是以上皆是。

那天，我也問了一般人都會問的問題：多久不喝就算戒酒「成功」？艾珊的回答，也在這本書裡出現多次——唯一能夠確定自己戒酒成功的那天，就是踏進墳墓的那一天。

戒酒不是減酒、停酒，不是從喝伏特加到喝檸檬沙瓦，只要碰了，就是破功。戒酒不是減重，沒有進退，不是紅利積點，無法犒賞自己。無法以過去那個自信而驕傲的自己去判斷：哼哼，我三個月沒喝了，我好棒棒，現在喝個一小杯也沒問題吧。而是要徹底實踐書中提到的「戒酒十二步驟」的第一步驟：承認自己無能為力。承認生活已經變得不可收拾。

這本書中，最讓我印象深刻的是，一開始艾珊也抱著「我跟你們不一樣」、「我不需要幫助」、「我可以靠我自己」的自信想法，自發戒酒，且毫無出現戒斷症狀，簡直資優生，每戒一天就用紅筆在桌曆上那一天的方格畫下一條斜槓，但就在集滿三張紅色斜線、戒滿三個月那天，她不敵「櫻花限量版 Kirin 啤酒」的召喚，舒爽的黃金泡沫、熟悉的幸福、輕飄飄的夢幻感，全都回來了……清醒時，已是一整個浴缸滿滿的櫻花限量空啤酒罐，且昏睡至錯過重大事件，而泡在嘔吐物中的自己、懊悔罪惡也都回來了。艾珊誠實描述自己當時的心境：先是無比的害怕、後悔、羞愧，慢慢地，憤怒的情緒淹沒過其他，開始找藉口，發脾氣。

然而，守護著她的丈夫，對此只說了一句：「都過去了，現在妳清醒過來、停下來，就是重新開始。」身邊人的不離不棄，的確是強大的支持。但艾珊很知道，一切仍要靠自己，她要摧毀的不是過去那個酗酒的自己，還有認為不需要尋求幫助的自己，甚至是認為喝了酒之後可以變得更有趣、更有魅力的自己。

我很喜歡ＡＡ匿名戒酒會中對於「上蒼」的說法。不是單指上帝或某個神，而是某股大於自己的力量，謙卑地承認只靠自己辦不到、承認一切都是上蒼的旨意、只要我持續努力，上蒼就會賜予我在這條路上需要的勇氣與力量。

艾珊的強大，不在於「戰勝」酒精，而是誠實直率地面對自己。艾珊的勇敢，也不在於與酒精對決，而是把自己完全地交出去，就像過去敢於在應酬時豁出去豪氣乾杯，把自己交給酒精帶領一樣，把自己交給上蒼。而此時，她又透過這本書將自己交到大眾面前，希望透過這本書，每個人都能接住自己。

推薦序

看待世界更寬容，對人更善良

黄大米　作家

你希望當自己犯錯、跌倒時，被寬待與接納嗎？

你想成為能寬待別人，同理別人難處的人嗎？

如果以上你的答案都是yes，你就該翻閱這本書。

「成功人士」這四個字，是許多人一生的奮力追求，期待被別人仰望、尊敬，期待自己口袋滿滿，走路有風，站上舞臺言之有物，人生一路高飛，所有泥濘、狗屁倒灶都跟成功人士無關，然而上述的情況是童話，真實的人生裡，誰沒有荊棘。

郭艾珊的資歷是成功人士的標配，她臺大經濟系畢業，是國際品牌的外商高階主管，她會出書很合理。她的第一本書《做自己，還是坐職升機：人人羨慕的工作金飯碗，永遠附贈難嚥的隔夜菜》，書名很長，重點是最後一句，「永遠附贈難嚥的隔夜菜」，從這句話可以看到她對成功的反思與自嘲。她碰過忌妒屬下幸福的主管，經歷過外派異國他鄉，工作之繁忙，即便千手觀音也總感到分身乏術，當部門間互相杯葛時，化解歧見靠的不是高大上的理論，而是海產店的乾杯。

我以為這些已經是她卸去成功人士的包裝的極限，真是太小看她了，要超越郭艾珊唯有郭艾珊，她這次直接告訴你：「我有酒癮。」而且發作的地點都很溫馨，家裡、客廳、臥室、便利超商，最不像案發現場的地方，出事起來卻最驚悚。她在書中寫到她最後的記憶是便利超商開門的「叮咚，歡迎光臨」，再此醒來已經是幾天後的事情，浴缸裡面裝滿了空的啤酒罐。當家人把酒都藏起來，她被反鎖在臥室，卻還是能喝到爛醉，怎麼辦到的？酒癮讓她有了蜘蛛人的本事，從臥室的陽臺爬出去，踏著水管爬進客廳拿酒，十四樓的風，吹不散想喝酒的慾望，從此，他們家租屋只看三樓以下的房子。

多數的成功人士看似謙和有禮，骨子裡總有一份自視甚高的傲慢，而郭艾珊很擅長自剖心境。她坦承地寫到，當她因酒癮踏入馬偕醫院開設的成癮者團體輔導課程，看著渾身酒氣，衣衫襤褸的成員，覺得自己不該來這裡，也不屬於這裡，因為即便是酒鬼也應該有階層之別，怎會蛇鼠一窩，淪入這種「畜生道」。

在場的人逐一站起來訴說自己的酗酒經驗，輪到她時，她率性地說出：「我不需要參加，謝謝大家。」便昂首闊步走出會場。然後呢？她的離開傷害到誰？會場中的人嗎？不是，他們不會因她的離開而感到自慚形穢，因為每個傲慢的人最終都將自作自受，錯過讓自己被拯救的機會。

傲慢，藏在多數成功人士的心中，而階層無所不在，非我族類不與之言談，即便是跨界交流，往往也僅是我佛慈悲的布施。閱讀此書時，你會在她自省、自責時，也有了病識感，她的文字像是端午節的雄黃酒，閱讀之後讓人現出原形，發現有病的不只是她，也是我自己。

我在翻開這本書前，對酒癮的認知只是貪杯，看完書才知酒癮無關是否自甘墮落，而是一種疾病，一種慢性病，起源於基因與肝臟對酒精的代謝功能不足導致腦病變，不是靠意志力就可以戒除，酒癮者也不是光受旁人痛罵就可以清醒，且終身都可能復飲。透過本書，你會對於酒精成癮的人有更多認識與同理心。相信當有更多人能夠同理一個病症，對有此病症的人與家屬都是一種支持。

書中最令我動容的一幕，是郭艾珊的先生在聚會時說：「一想起我曾經差點失去我的太太，我就會承受不住。」這是至親之人的心聲。當見到親人在病房疲於奔命，每個酒鬼比誰都渴望自己可以清醒過日，不再造成家人的困擾與擔心，也不想在清醒後感到羞愧汗顏，而他們每一次的努力都需要家人跟外界的肯定。

我很喜歡書中一場又一場的戒酒會，成員們各自摘下世俗的面具，承認自己對酒癮無能為力，如果有人酒癮再犯，他們也不批判、不指責彼此，而是完全接納，因為每個人都可能「跌倒」，這在所難免，重點是下一次我們還爬得起來，還回得來。

改變認知就可以改變行為，閱讀完這本書的當天，我就察覺自己行為的改變。那天，我跟一個遭受網路詐騙的朋友碰面，她剛結束一段網戀，言談中有自責也略帶得意，得意於都這把年紀還能吸引到年輕男子。我如果不是剛閱讀完這本書，我一定會澆她冷水：「省省吧，他對任何女生都這樣，不是妳外表多吸引他，是妳的錢吸引他。我早就跟妳說不要跟他聯絡，這些網路詐騙犯不知道每天跟多少女生在道晚安，妳怎麼會相信他很愛妳呢？」但因為看了這本書，我收斂了言語的劍，只是默默聽著，在她自責不該一時失去理智，為愛痴狂暈頭轉向時，給予支持：「正常啦，誰都會有頭昏的時候，沒事的，沒有繼續就好。」

誰都可能在人生路上跌倒，誰都有狼狽不堪的時刻。責罵只會摧毀關係，唯有理解，唯有等待，唯有陪伴，才能讓每隻迷途羔羊，有回家的勇氣。

這是一本會讓你看待世界更寬容，對人更善良的好書。

戒酒無名會（Alcoholics Anonymous）‧十二步驟

1. 我們承認自己無力控制酒精——我們的生活已變得無法管理。
2. 相信有一個大於自己的力量，可以回復我們的健全心智。
3. 決定把意志和生命交付給我們所知的上蒼。
4. 追尋一次自己的內在，並無畏地做道德盤點。
5. 向上蒼、向自己、向所有人承認我們曾犯的錯。
6. 全然做好準備讓上蒼祛除所有品格上的缺失。
7. 謙卑地尋求上蒼去除我們的缺點。
8. 表列曾被我們傷害過的所有人，並且願意彌補他們。

9. 一旦有機會便直接予以補償我們傷害過的人，除非如此行為會傷害他們或他人。

10. 持續進行道德盤點，並且在覺察錯誤時立即承認。

11. 透過祈禱、靜心，提升我們有意識地與上蒼接觸，只祈求祂賜予我們了解祂旨意的智慧，以及付諸實現的能力。

12. 完成這些步驟，獲得心靈的覺醒後，我們會努力把這個訊息傳遞給其他酒癮者，並在日常貫徹這些原則。

自序
此時此刻

「妳怎麼敢出這本書？」

「妳不怕大家輕視妳嗎？」

「妳再也不完美了，世上所有人都看到了妳的醜陋。」

這些問題與質疑，都來自同一個人，我自己。

四年前，初就讀文學所，開始寫與這個主題相關的第一篇文章，隨著時光流逝，自己在從酒癮康復這條路上愈走愈久，遇見愈來愈多人，理解、支持、幫助我，更加肯定，誠實面對與盡情書寫，是我一直以來面對人生挑戰唯一的技能與對策。寫作的過程中，從內心掏挖出來的文字，涓滴徐落，如沙漠中的雨水，緩慢卻徹底的沖去我布滿泥塵的臉龐，直到終能睜開雙眼，看清自己，並清醒的好好看清人生。

書寫是安心的，敞亮的，撫慰的，它讓我和自己對話，盡情抒發。但現在，文字已了盡職責，即將被集結出版，我便不能再躲在文字底下，要以自己真面目，真實姓名，真實遭遇，帶著黑狗（憂鬱症）與腳鍊（酒癮），完全地暴露於世人之前。

不用等到外界挑戰，我已經把自己貶低、奚落、質疑個遍。但因為這一路曾經相遇，以各種形式陪伴我、關懷我、幫助我的人，我希望也能以自己最擅長的方式，幫助每一個在成癮路上希望獲致清醒的人。

我是一個酒精成癮患者，從發現到承認，再從承認到走向康復，中間是一段漫長、跌宕而不斷反覆的痛苦歷程，若不是我身邊的支持，包含戒酒無名會的成員們、松德醫院成癮科黃名琪院長、蘆葦營副執行長 Lydia 林為慧女士、心理諮詢師黃柔嘉老師、北藝大文學所的師長與同學們……我萬不可能走到此時此刻。

此時此刻的我是怎麼樣的呢？

滴酒不沾，自是常態，與朋友聚餐，歡樂不減，KTV中常常是大家杯莫停，而我一個人「與君歌一曲，請君為我傾耳聽」……我非聖賢，自不寂寞，本不願以「癮者」留名，但仔細想想，如果可以幫助自己、幫助別人，是不是比什麼瓊漿玉液都更加「同銷萬古愁」呢？

感謝酒癮和經常共伴的憂鬱症，使我變成一個更好的人。雖然痛苦，但它們使我對自己更好，能更同理他人，清楚地看清人生當中許多事項的優先次序。榮耀不在外界加冕，而在自己活得健康快樂，自助更能助人。

既是凡人，皆有弱點，每個人都有各自的人生課題，我將影響我健康甚鉅的酒癮，看作成生命的禮物，這副量身打造的「腳鍊」（緊箍咒？）提醒我，時刻保持誠實，在精神方面有所進步，並不吝於幫助他人。

但，掛附著這副腳鍊，人生路上行之履之，沉重異常，要如何轉化成生命的力量？我想起深刻影響我人生觀的大學女子排球隊教練——余育蘋老師——曾經強調的，出色的排球員，「體能」－「心理」－「技術」為黃金三角，缺一不可。教練這番話我不敢稍忘，也助我轉念，將「腳鍊」視為能讓我訓練肌力，在人生路上愈走愈強壯，負重如斯亦能輕鬆前行。

勇敢面對酒癮，不僅為我的人生開啟了更多可能性，也一併改變了我身邊的人的生活。我的家人好友們懂得如何放手，也因看到日漸康復茁壯的我而欣慰；我的孩子們對於酒癮之為疾病有清楚的認識，也知道將來應該如何提防與應對所有的癮症。

現在，我與我的文字們，希望能幫助到更多正在與癮症對抗的「本人」和「身邊人」們，一起擁有關於癮症的正確觀念，藉助社會資源，專業醫療協助，更重要的是正視疾病，不要輕忽你所擁有的力量，勇敢走出陰霾，重整人生，變成更好的自己。

問題已然消散，心中充滿勇氣，第一個要感謝的當然是勇敢的自己：艾珊，妳做得很好。

最後，要感謝的是你／你們。

此生也因為你／你們的不離不棄，我要活得更久、更健康、更快樂，才能伴你／你們看盡這一瞬之光。

第一章

進入黑暗

我不太相信有人在品嘗過一次鴉片這種神聖的奢侈品後，會再降格返回酒精那種粗野世俗的樂趣上，在我看來，下述觀點是再自然不過的：

過去未曾有過機會品嘗的人們，如今開始享用；

過去已經懂得品嘗的人們，如今需求更多。

——湯瑪士．德昆西（Thomas De Quincey，作家、終身鴉片成癮患者、毒品文學浪潮啟蒙者），《一位英國鴉片吸食者的告白》

我怎麼會在這裡？

我從未想過，有一天，我自己會躺在這裡。

一週前，我還踩著高跟鞋，拖著行李箱，往返武漢、上海，以行銷長的身分出席各地業務大會，意氣風發，大有呼風喚雨之勢。我在公司處於領導核心圈，得到ＣＥＯ、創辦人的賞識，和同事們也相處順利，回家後，有住家阿姨幫忙打理家務，小孩的吃食、課業、接送我全不用擔心。事業成功，家庭幸福，順風順水。

沒想到一轉眼，我就癱躺在臺北榮總的急診床上，手背上插著針管輸液，日光燈的白光晃亮，照得我雙眼刺痛，我呆呆地看著天花板，想像這裡是天國。

現在是凌晨兩點，不久前，我搭深夜紅眼班機，在婆婆的護送下從上海臺商醫院，一路直奔臺北榮總，沿途歪歪倒倒、幾乎要站不住。上海臺商醫院的醫生警告我，若不立即回臺就醫檢查，恐將肝昏迷。

這個醫生什麼檢查步驟都沒有做，沒有用到聽筒、壓舌板，更不用抽血留尿，僅看了我一眼，就下了如此的指示，並交代婆婆，萬一我出現昏厥現象，該如何處置，避免頭部撞擊。

他不是庸醫，也不是在推託恐嚇，因為當時的我，全身皮膚黃得如一顆芒果，活像小小兵（Minion），更像「新娘不是我」裡頭，助曬劑被好友掉包的安．海瑟薇。

「姊，手續辦好了，醫生等一下就來檢查。」

我緊閉雙眼，轉過身去，背對妹妹默默流淚，淚水流進嘴角，濕濕鹹鹹的，後來漸漸從嗚咽啜泣，轉為控制不住的痛哭。我的身體不停抽搐，臉上滿是淚水流過又變乾的痕跡，緊繃又刺痛。

「會冷嗎？我幫妳再要一床毯子。」妹妹走到我面前，發現我發抖的原因，輕輕地撫著我汗濕糾結的亂髮，「沒關係，我們在醫院了，不要擔心。」

陪伴我的除了當時懷孕五個月的妹妹，還有從上海一路陪伴、扶持我，近二十四小時沒闔眼的婆婆。經過等待病房、抽血、驗尿、腹部超音波……等種種緊急處置，已經二十四小時沒闔眼的婆婆，坐在我的床邊關心地問我：「艾珊，要不要喝水？要不要上廁所？」

我回憶起讓自己躺在這痛苦流淚的開始。

結束武漢的會議，我風塵僕僕回到上海的家，覺得疲憊、食欲不振，便跟公司請了一週的假，待在房裡，躺在床上。上海的阿姨負責操持三餐，正好來訪的婆婆負責陪伴孩子，我躲在自己的房裡，呆呆地看著窗外。我很熟悉這樣的低潮，它總是在急驟的壓力或是密集出差返家過後出現，我的心中會出現一個深不見底的大洞，使我不禁急切地找尋，看身邊有什麼東西能往裡丟，將它填補起來。

我總是用習慣的方法處理：吃百憂解，吃贊安諾，配一點飲料，滑手機、購物。就這樣，我足不下床地過了一週，某天睜開眼，聽見窗外婆婆和孩子玩球的歡笑聲，這才勉強走出去，想要加入他們。

我走進了陽光，現了形。

婆婆看見沐浴在日光下的我，倒吸了一口氣。擁有專業護理背景，曾經當過成功嶺醫院院長的她，要我靠近一點，開始逐一檢查我的眼白、胸口、手掌、腳底……全是黃色的，而且隨著幾十分鐘過去，非但沒有退去，還愈來愈黃。上海家裡裝的燈管是暖色系的，我又絕少出房門，這兩週沒有人發現我已經出現了黃疸的症狀。婆婆當機立斷，先叫我跟她去上海的醫院，接著再直接搭機回臺灣。先生給我們直接訂了第一班機的商務艙，無法臨時請假的他，在虹橋機場出關口，緊緊地抱著我，將我的手交給婆婆。

因為怕我昏倒，婆婆沿路走在我右後方，她身型嬌小，矮了我好幾個頭，此時卻展現無比的力量，緊緊地攙扶著我。在飛機上，她牽著我的手說：「艾珊不要怕，我們快到了。」

雖然當時我惴惴不安，頭腦也昏沉雜亂，不過，我記得一件可愛的小事。在候機室時，婆婆離開了一會，隨即又回來，手上多了好多餅乾和巧克力，她說：「妳現在需要糖分，我剛剛去跟貴賓室的人多要了好多，妳看。」見到她遞出的糖果，我覺得自己好像正和她手牽手去郊遊，獲得了些許安慰，心中的恐懼隨之減少了幾分。

折騰了一陣子，我終於得以進入病房，在主治醫師進來問診前，急診醫生先幫我抽血、驗尿、打點滴，要我等待檢驗報告。這時已經是凌晨六點了，四小時前，

失落的神色。

「妳有這麼疼愛妳的先生，真的很幸福，像我們這種歹運的，碰到都是一些渣男。」在幫我量血壓時，她輕輕地嘆氣，交代了幾句她的過去的故事。「要加油，一定會慢慢好起來的。」離去時她說。

我這麼幸福，那麼，一切是從哪裡、怎麼開始的？

當天晚上我睜眼到天亮，思索的全是我的，過去的故事，到天明的時候，我終於想起，失控的源頭來自哪裡。或許原本並不是不能想起那「分水嶺」，是不願想起，不願連結，不願過去和現在的生活有任何的牽絆。

琥珀色祕密的起點

右手背上的插管，正緩緩滲出血來，我心裡暗暗慘叫。護理師一晚來檢查了好幾次，每次一滲血，她便重新找一條血管，或換手插針。雖然僅是輸葡萄糖液，但她們必須確保一有緊急狀況，藥物注入是順暢的。

從小害怕打針、抽血的我，兩臂整晚被反覆拍打、束綁，刺穿了好幾次，然而沒有一條血管是爭氣的，我身上的每條靜脈，看到護理師的針頭，都爭相走避。

本應該按鈴呼叫護理師調整，但我真的累了，凝視著累得睡在病床旁的父親，思緒深深陷入遙遠的過去。

我的先生，是我相識二十年的好友，不過，這並不是我的第一段婚姻。

幾乎一畢業就結婚，結婚後就懷孕的我，當年在素有「藍色城堡」的外商公司中，實為異類，甚至有大老闆問我，這麼年輕就懷孕，不會可惜嗎？

年輕的好處就是，不覺得世界上有做不到的事，攻克不了的山峰，化解不了的冰山，愈挫愈勇，愈勇敢，愈莽撞，撞了滿頭包，更不怕痛。

年輕的壞處，就是盲區太多，看不見那不合的三觀，相異的職業屬性，奇異的公婆關係，將逐漸侵蝕我們的信任和情感，最後變成互不相識的陌路人。

在那段婚姻中，最大的幸運是我得到了一個非常可愛的孩子，而且轉念一想，若不是這些經歷，我不會感激於現在先生的寬容支持，感恩於現在公婆的開明不干涉，現在的我，可能還是驕矜自傲的，遠瞰人生，認為未來的道路，理所當然一路平順，毫無顛簸。

但在當時，下班後一想到要回家，我便感到痛苦，在辦公室內固然是職業表演，回家也需要各種演技，來掩飾我的失望、氣憤、忿忿不平，繼續假裝我是一個親愛的妻子，順從的媳婦，只有慈愛的媽媽這點是本色出演。但歷經疲累的一天、被工作轟炸後，有時實在沒有力氣假裝，回家後，必然引得各式各樣的爭吵，家中遍布不定時炸彈和各式地雷，有的大，有的小，起源不知從何，不知如何避開，到最後，也不想搞清楚生存之道了。

對於這樣的表演障礙，我找到一個「聰明」的對策，在出了捷運站，坐上往家中駛去的計程車前，我會到對面的7－11，買一杯麒麟（Kirin）三百五十毫升的冰啤酒，坐在計程車候客區旁的花圃，慢慢啜飲，讓酒精化為之後能面對家中大小不順心的從容與勇氣。這個方式有效，但花的時間卻太長，而且家人能從我的微笑之中聞出酒味。不過即便如此，算是成功了一半。樂觀的人看那半杯「水」，而聰明的人總會找出更有效率的方法，改進流程。

我改為一出捷運，便奔向7－11，買一瓶三百五十毫升、兩瓶五百毫升的麒麟啤酒，一包Airwaves，裝進我的LV公事包，隨即跳上計程車，在八十塊錢的車程內，先一飲而盡三百五十毫升的冰啤，再取出兩顆Airwaves狂嚼，等到達家門，付完剛好一百塊的車錢時，我已經達到醺然、微喜，能應付一切的表演挑戰的無的狀態，並且口齒留香。

這三百五十毫升可以確保我進門後維持一、兩個鐘頭的面色和悅。但在這之後，離入睡前還有三個鐘頭，怎麼辦呢？聰明的我把另外兩罐五百毫升的啤酒藏在浴室櫥櫃裡，趁沖澡的時候享受一罐，再趁睡前刷牙的時候，解決第二罐。

回想起這一段日子，我冒出了一身冷汗。從那時開始，我喝酒的理由不再只是歡慶，更多的時候是偽裝、逃避。我喝酒是因為想變成另一個人，想逃避當前的生活，那就是失控的開始——一個人喝，躲起來喝，找藉口喝。如果沒有酒精，我該如何面對眼前這分崩離析，靠著幻想和餘勇拼接湊黏起來的碎片婚姻？好強的我，從不在辦公室示弱，更不在家中流淚，只要將心底的那道閥門緊緊關閉，我的軟弱就不會一洩而出，對我而言，同情比起責備，更讓我感到自己一文不值，對自己失望。

樂觀、聰明、上進、好強如我，還有一項特點，除了不畏試誤，永遠勇於改進，還會主動積極、提升目標。

漸漸地，一、兩瓶五百毫升的啤酒已經無法使我安然入眠。當時在工作上，我剛從產假返回職場，面臨升遷的競爭；在家庭上，我似乎除了假盲退讓，沒有別的招數，對於失敗的家庭關係，我的心承受著不斷被劃開滲血的創傷，結痂時的刺痛，到最後，重重交疊的疤痕如同荊棘叢林，早已遮蔽了遠古以前，我心中還願意尊重、體諒對方的一份真摯情意。

酒支撐著我繼續這一切。

我會在去買菜的時候，順便帶一瓶思美洛伏特加（Smirnoff）回來，藏在衣櫃深處，等待家人睡著，再一個人就著瓶嘴喝上兩口。這能讓我的睡眠從十一點撐到兩點。

某日，我下午兩點起床，發現伏特加已空，便心慌意亂地溜出家門，到樓下的7－11補貨，獨自一人躲在曬衣的後陽臺，一路喝到四點。

有時，我實在懶得出門，但家中鐵門年代久遠，吱吱嘎嘎的聲音，簡直考驗我作為一個闖空門小偷的潛力，難保不將家人驚醒。這時我會躡手躡腳把酒櫃中珍藏的二十四年威士忌取出，給自己倒上一杯，再往酒瓶裡添水，保持瓶內水位高度正常、一切平靜無波。無所謂，家裡沒人喝酒，這瓶酒只是用來擺飾而已。

沒有人會發現的。

我坐在後陽臺的鐵架上，伸出雙腳，在空中前後踢擺，想起小時候常做的夢，從高處墜落，有一種從腹部升起，一路到達心臟的興奮感，微風吹過裸足和髮絲，這是費茲傑羅（F. Scott Fitzgerald）所謂靈魂最黑暗的時刻，我卻不感到寂寞。酒精解放了我，賜我這個隔絕於世的異度空間。在這裡，渾身流盪著一股溫熱，充盈著被保護、被理解的感覺，這是我平常享受不到的自由。有時，因為太過感動，心底的閥門被酒精這把鑰匙全然打開，我會將頭靠在十字型的窗架上，將臉埋進手掌的深處，將積累好久的壓力和委屈傾瀉而出，哭到衣衫盡濕，直到天光乍現，再收拾齊整，刷牙、噴香水，躺回床上假寐，一如以往地和家人一起迎接第二天。

沒有人會發現的。我的祕密。

只有酒，琥珀色的好朋友，而它對一切絕口不提，只是沉默。

酒精在我這段挫敗、孤獨的時光中，從我最好的朋友，變成了唯一的朋友。而那，就是失控的起點。

清晨六點，早班護理師前來檢查病房情況，見到我手臂上的針管滲著血，甚至已染紅了整塊醫療膠布，驚呼，妳怎麼沒有按鈴？我向她比了一個「噓」的手勢，指指還在夢鄉中的父親。她會意過來，輕手輕腳地替我清潔、重新插針，低聲對我說：「下次這樣，還是要按鈴，我交代值班的同事進來時小聲一點。」

這個世界，充滿了善意、愛心、為我好的親疏遠近之人，而我卻用謊言遮蒙自己，蹲伏在黑暗中，切斷所有重返光明的可能，不斷說服自己：沒有人會發現，凡事只能靠自己，一切都會很好。

我下定了決心。

「林醫師今天什麼時候進來？」

「主治巡房一般是八點，怎麼了？有不舒服我可以先幫妳處理。」

「沒什麼，我有話對他說。」

池中央不停旋轉，舞會不會有結束的時候，只要它陪著我。

心輔人員到達病房時約莫晚餐時刻，聽我說完，靜靜地說：「酒精本身不是壞事，酒精依賴才是。」她離開之後，我將病床調平，頭靠在對折的病房枕頭上（我向護理師多要了一個，但她忘記了，明天我再提醒她），房內除了點滴聲，隔壁床的尿騷味（她是一個膀胱癌患者，成日掛著尿袋），可說是萬籟俱寂。連半顆鎮靜劑都得不到的我，有漫漫長夜，可以思考自己與酒精的關係。

我究竟該拿這位我最好，甚至可能是最知心的朋友怎麼辦呢？

無法完成的感謝信

入院第五週，我逐漸從印度黃蛙變回人形，臉色仍微微發黃，但腹水已經消退，至少走在路上，只會被當成黃臉婆，不會被當成孕婦。

林醫師今天來查房時，腳步特別輕盈，面帶喜色，我便知道，自己大概可以出院了。

他說，我的黃疸指數雖然略高，但已降至可以出院的範圍，今天便能出關啦。早班的護理師是一個可愛的小男生，跳著幫我拍手，他說，妳終於不用再留好樂迪生啤了！

好樂迪生啤的故事是這樣的。林醫師雖然判定我是酒精性肝炎，但因為就算如此，也甚少有病人黃疸指數高達如我入院時的地步，加上我的黃疸指數下降，其實全靠葡萄糖液、密切觀察和休養，完全沒有藥物介入，他懷疑是另一種罕見病症「威爾森氏症」，便要求我每次解手後留全尿。於是，病房廁所內擺了一桶兩千毫升的透明桶罐，供我「收集」。肝病期間，尿液顏色甚黃，護理師每天來取走，看著那一桶「金色三麥」，我覺得甚是過意不去，頻頻向他道歉，他卻笑著安慰我說：「這是去好樂迪必點的喔。」

我問過林醫師檢測結果何時出來，他笑笑地說，榮總內部還沒有相關的檢驗程序和設備，他們必須寄去美國的合作醫學機構中研究，才能拿到報告。之後我回來複檢，應該就能知道結果。

一想到我的尿液竟然坐上飛機飄洋過海，到達美利堅合眾國，出國比賽拿冠軍，這簡直太不可思議。不禁開起自己玩笑，想著，這也許是我此生最榮耀的時刻了吧。

我的父母來病房幫忙收拾個人物品，既高興又慌亂，看著病房一陣和樂融融，忙手忙腳，護理師們幫我將收到的花束整理打包，簡直像過年般一團喜氣。林醫師交代了我複診的時間，出院要注意的事項，我的父母攙扶著我，千謝萬謝，一路後退鞠躬出病房，帶我回家。

我終於離開一個多月的病痛、扎針、點滴、消毒水，回到溫暖熟悉的娘家，我將住院時的手環，夾在日記當中，從抽屜中拿出大學時的信紙，分別寫了五封信，向護理師們還有林醫師致謝，當時的我，帶著重生之感，彷彿就要過上脫胎換骨的人生。

護理師們的感謝信我很快就寫完了，唯獨林醫師的那封，我寫到一半，無法繼續。為什麼呢？

出院當時，林醫師交代完注意事項，問我有沒有什麼問題時，我問了：「什麼時候才能再喝酒？」

林醫師歪著頭，嚴肅地看著我說，酒精只會讓睡眠品質變差，使我有入睡問題，待複診過後，確認肝指數都正常，他會開適量的安眠藥幫助我，但，酒和藥不能同時服用，將來回去工作，在應酬場合也不能再大量灌酒。

成癮者的成癮程度只有成癮者最清楚，如同一個人的祕密只有他自己最明白。

我無法坦率地寫信給林醫師，因為我依然瞞著他，自己也不願面對真相。其實，我對酒精的依賴如此之深，不僅僅是入睡、工作場合的需要，我的人生早已和酒精密不可分。

就連一個對我有救命之恩，將我的痛苦僅僅視為病症，不加諸道德譴責，只給予專業支持的醫師，我都不能將自己「還是好想喝酒」的心情坦然說出，我，究竟出了什麼問題？還具有理性思考的能力嗎？

高功能酗酒者的僥倖

出院了。

我以為自己和酒精的緣分就此結束，卻不知道，即便遭逢如此重大的危機，後來的我依然無法擺脫和酒精無止盡的糾纏。這條在戒癮之路上跌倒、爬起、奮鬥的路，我還得走上好幾年，若非之後採取專業醫療和匿名互助會，雙管齊下的方式處理，我可能會沉痾墜落到生命結束的那一天。

病痛讓我看到酒癮問題，但當時的我仍不理解、不承認，也無心解決。更重要的是，它其實已經成為一個我無法靠自己克服的問題了。

一直到很後來，我才知道，酒癮症其實是一個慢性疾病。實際上的酒癮症，其實和我、和許多人普遍的認知與想像非常不同，患者並不單純是一群意志不堅、自甘墮落，患有酒精依賴症候群的人（酒鬼、酗酒者、酒蟲），也沒有道德或人格的問題，學理上的定義是物質使用疾患（Substance Use Disorder），主要由兩大成因機制，及兩大演進步驟組成：

1. 先天基因機制

基因中缺乏某種代謝激素（乙醛脫氫酶〔aldehyde dehydrogenase〕），這種激素，能在肝臟將酒精（乙醇〔ethanol〕）分解成乙醛（acetaldehyde）之後，成功地將乙醛氧化、代謝並排出體外。乙醛是一種對身體各部位都具有影響的毒素，酗酒者身體有大量的乙醛無法迅速排出，便會透過血液滲透至腦部，產生腦部病變，

2. 後天腦部機制

酒精及其氧化物乙醛不斷地在中腦刺激多巴胺（一種神經傳遞素）的運作，增強腦部滿足感，導致腦細胞及滿足系統的病變，使患者產生對酒精需要及渴望。只有酒精才能解決身體不舒服的感覺，也只有酒精能促使腦部產生血清素，感到愉悅。這也是為什麼，宿醉的人，最舒服的解決方法，是早上再喝一杯，讓酒精來解決各種頭痛、嘴乾、噁心與暈眩的症狀。

3. 耐受精神演進

由於生理上的滿足系統變形失衡，酒精仍不斷反覆刺激，加重腦部傷害帶來的後遺症，患者感覺自己需要更多的酒才能達到生理和精神的穩定狀態，多喝一點，再多喝一點，才敢出門工作，才有安全感，才能睡覺，此時已從生理機制成癮，轉變成精神機制成癮。

4. 防衛心理演進

成癮的病程是漸進的，患者在沒有病識感，沒有警覺心之下，將酒精依賴合理化，用否認、藉口、說謊等防衛機制因應上述疾病發展。久而久之，對其心理產生極大影響，改變了他原本的思考、情緒、行為模式。這也是為什麼，常常有人覺得酒喝多了，久而久之，彷彿變成另一個人。

簡單來說，酒精成癮有其天生的生理因素，也有後天環境的影響，並不是個人能夠全然靠意志力控制的事。

生理	精神	行為
・先天基因缺乏酒精正常代謝 ・後天腦部滿足機制改變	・耐受程度加強 ・精神機制成癮	・合理化酒精依賴行為 ・改變思考、情緒、行為模式

一般人──比如我，很少有機會能知道這些成因。在臺灣社會，大眾普遍和我一樣對此一無所知，流傳的皆是對酒癮的種種謬論和誤解，而正是這樣的無知，大大增加了社會上酒精成癮者的數量，並減低了患者康復的可能。

從先天成因機制，我們可以知道，家庭有酗酒史的人，自身也非常可能有酗酒的可能，而就算家庭和基因無虞，成長過程和生活中個人「酒精耐受度」的增加，亦同時增加了酒精成癮的風險。

想起早年應酬時，常聽業務大老們拍胸脯驕稱：「酒量愈練愈好」、「千杯不醉」、「三瓶高粱撂不倒」等語，彷彿我正參加什麼酒精進修班。當時聽了覺得豪氣干雲，認為酒場風雲該當如此，後來我才知道，很多人就是像這樣，在應酬交際的場合不知不覺地走上酒精成癮之路，直到演變到精神和心理上的依賴，演變為一輩子的抗爭。

回想初初戀上酒精的那段日子，我將日漸堆疊起來的酒瓶，藏在衣櫥中，等待家人不在的時候，用黑色大塑膠袋包著拿去丟，還得在瓶子與瓶子間塞點報紙或泡棉，免得丟垃圾時發出清脆的碰撞聲音。心中雖有不安，卻總是很輕易地消融。因為這個社會上，善於飲酒，是多麼成熟、圓融、勇敢的事，取得酒精又是如此容易。

我是一個成年人，面對一個如此容易取得的物質，怕什麼呢？

只要在有便利商店的地方，二十四小時都能找到我的「朋友」。而且，誰心情好或不好的時候，不會來上兩杯？共飲有時，獨飲也有時，我只是視不同場合，採取不同的喝酒方式而已，何罪之有？而且，就算喝到天亮，我也從未因宿醉而搞砸任何事情，甚至能更加把勁工作、在會議上發言更積極、業績目標設定更大膽，不僅工作表現優異，回家後，我還會利用空閒時間健身，一個小時的有氧運動，使我大汗淋漓，這一切努力，都是為了在回家的路上能理所當然地用酒精犒賞自己，從一杯冰啤酒到白葡萄酒，再到威士忌。

因肝病回臺入院的當下，我其實已經進入到精神成癮及行為改變的階段，不斷地將過度飲酒合理化，是個「高功能酗酒者」。

高功能酗酒者（**High-functioning alcoholic**〔**HFA**〕），是由美國哈佛公共衛生學院研究並定義的酗酒者族群，指的是那些飲酒程度已經符合酒精依賴／濫用的標準，卻依舊維持正常甚至高標準的工作表現，也仍能建立良好人際關係的人，他們不容易被社會眼光揪出為酗酒者，因為很多人的一生事業成功，常被視為人生勝利組，以至於不僅僅是酗酒者本人極難建立病識感，身邊的同事、家人以及朋友，也不會發現異常。

過去我年輕、身體還承受得住，因此僥倖得以和酒精和平相處了一段時間，等到我年近四十，身體耐受度到了極限，過去積累的一切便凶猛反撲，才會出現病變。

信不信由你，我是個真的很強悍的人，挺過了許多人難以想像的，生活與工作中最艱困的時刻。也因為如此，我的酒癮問題，必須要嚴重到在陽光下暴露全身嚴重黃疸的程度，身邊人才會驚愕地察覺。

酒精成癮不是能簡單一刀兩斷的事。一旦成癮，終身成癮。

就算外界狀況改變，自身處理壓力的方式仍然不會改變。離開一段痛苦的婚姻，我和現在的先生成立快樂的家庭，過去的問題已不再困擾我，但每當工作和生活中出現壓力，我的第一個選擇，還是獨自飲酒。

出院之後，我返回上海，繼續工作。因為大病一場，餘悸猶存的我停酒了一陣，不過也才約三個月。不久，再度碰到工作壓力，我又拾起了酒杯。

我和先生討論，表達自己下班後仍需要藉酒精放鬆，否則一天下來，緊繃的狀態會把我壓垮，但無論如何，以一杯為限。先生表示理解與支持。當時的他和我一樣，不明白上述的成癮機制，和我一樣以為酒精成癮者可以靠意志力自我管理，而我一貫以來意志力堅強、使命必達的個性，更是取得了他的信任。

我們可以的。

我可以的。

但很快，我活回了過去。

縱使現在有著美滿的家庭、相愛的伴侶、自在的婚姻生活，不再需要逃避和演戲，我仍然過著騙子的生活。從公司回家的車上，我會先喝掉一瓶大罐白熊啤酒（酒精濃度九％），回家後先進浴室沖澡洗去酒氣，出來後，再馬上為自己和先生斟上一杯白葡萄酒，兩個人邊看電影，邊啜飲聊天。這時候我的心思通常不在電影上，而在估量酒瓶內還剩下多少量？我能不能再喝上一杯？

有一段時間，我控制良好，在先生的面前都是僅飲一杯為止。慢慢地，他開始接受我再多喝半杯，畢竟開了一瓶酒，放久了也會變質，不如把它喝掉吧。

然後，我的衣櫥裡又開始藏著其他的酒瓶，失眠的狀況回來了。我的腦部反應機制，讓我採取同樣的方式處理——更加沉浸於酒精。三個月前全身插滿管線、整個人活像印度黃蛙的慘況，剛出院時謝天謝地的感激，對醫師和家人的承諾，全部在酒杯中成為泡影。我的生活再度失控，某天先生起床上廁所，發現我獨自坐在十四樓的陽臺邊，身影搖晃，他將我抱下陽臺，我卻不停地掙扎，要求要飲酒賞月。

隔天，他牽起我的雙手，鄭重地要求我辭職，回臺灣接受醫療戒治。他透過VPN，Google了一整晚有關酒癮的知識，還有專業的醫療處置，終於理解，我已經酒精成癮，需要就醫。我帶著愧疚和驚嚇（完全忘記前一晚發生了什麼事），答應了他，但當時，我很是天真，以為這會是一次性的就醫，拿個藥就好了，僅跟公司請了長假。沒想到這一別上海，我便再也沒有回去過了。

來來來，喝完了這杯，再說吧

這是一本訴說酒癮者面對終身難題的書。

看到這裡的你，也許覺得我就是工作太忙、壓力太大、受了挫折創傷太深。但各位有沒有算過或想過，自己離酒精的距離有多遠？飲酒的頻率、量，是不是像當時的我一樣，彷彿在談一段熱戀，正在逐漸升溫的階段？

它是不是一個你想要公開，卻時常隱藏起來的戀人？當孤單寂寞，不被世界了解，滿腹愁苦無處可訴時，是不是只有它能不帶任何責備或評斷的陪伴你，安慰你？每天的紛擾過後，你最想做的事，是不是靜靜地和它獨處，而且這種私密時間永遠都不嫌夠？它就是最令人魂牽夢縈的戀人，就是如此放不下、拋不開，讓你甘願與他私奔至天涯海角，拋開世間一切俗務。拋開事業、朋友、家人，甚至你自己的健康。

任何一段難以擺脫的苦戀，都是這樣開始的。

雖然很讓人驚訝，大多數人也對此無感，但我們所處的這個社會其實非常「酒精友善」，除了幾乎隨處都買得到酒精飲料，喝酒這件事更幾乎是應酬交友、成人場合的必做之事，更別提人們普遍接受小酌怡情，借酒澆愁在人生困頓時更是值得體諒。

就像那幾首經典歌曲唱的：

人生難得幾回醉，不歡更何待？

好或不好，都乾了吧。

相信許多人都曾勸過別人，也曾被人勸過：

來來來，喝完了這杯，再說吧。

拿起酒杯如此容易，但卻不是所有人都能這麼輕易放下。每個人其實都有成癮的風險，只是我們一無所知、從未意識。而一旦墜入這段危險關係，要走出來，光靠自己是沒用的。在愛欲之神愛羅斯（Eros）的熊熊戀火下，人的意志力和理性不過是脆弱的稻草。

你可能也會想：這種事情，只會發生在書裡，怎麼可能發生在我身上？

我一開始也是這麼想的。

第二章

這不是我一個人能夠解決的問題

蓋茨比相信綠燈，年復一年地在我們面前消退的狂歡未來，它躲開了我們，但那沒關係——明天我們會跑得更快，把手臂伸得更遠。……再迎接一個美好的早晨。

於是我們繼續往前掙扎，像逆流中的扁舟，被浪頭不斷的向後退入過去。

——費茲傑羅（作家、酗酒者），《大亨小傳》（*The Great Gatsby*）

我和你們不一樣

我和一堆東倒西歪，渾身酒氣的醉鬼們一起，排排坐在會議室內，聆聽著臺上的講者，對我們滔滔不絕，宣講酒精衛教知識。

「有人說，睡前喝點紅酒有益心臟，你們信不信？」講者是位老醫師，白髮蒼蒼，黑框眼鏡幾乎垂至鼻尖，他用奇異的姿勢，低頭抬目瞪視著我們，像是犀牛在挑釁敵手。

「信！」某位「同學」精神奕奕，信心十足地大喊。

「不信！」另外一位同學揚聲反駁說：「要高粱才行啦！」然後全班開心地哈哈大笑，除了我之外。

兩週前，先生幫忙掛了馬偕醫院精神科的診，我和醫師詳談我的睡眠、憂鬱、肝炎住院和「可能有」酒癮的問題後，醫師開立了能短期讓我舒緩焦慮、失眠的輕量鎮靜劑給我，並建議我參加醫院開設的成癮者團體輔導課程。當時我有點猶疑，團體輔導從來不在我的選項當中，我認為醫生只需要開藥治療我的生理症狀，戒酒則是我自己的事。醫生和我解釋，團體輔導有個好處，接受一個小時多的衛教宣講之後，病患可以集體列隊，等待醫師開立處方箋，就不用個別掛號，等待看診後再付費、領藥。

為了便利性，我接受了這個建議。

但此刻，我無法相信自己和這些人歸屬於同一個團體，連正處在同一個空間下，都覺得莫名其妙。

在我左前方的老伯伯，衣衫襤褸，手中提著一個巨大的紅白塑膠袋中，裝著報紙、礦泉水瓶、衛生紙、髒毛巾，似乎是一位遊民，而塑膠袋中是他的全部家當；我右方的年輕男士，脖子和臂膀布滿了紅紅綠綠的刺青，是質量和設計都不佳的那種，分明是酒醉後亂刺，醒來才發現的圖騰。全場除了我之外，只有另一位身形微胖的女生，而我們也是唯二全程配戴口罩的參與者——當時還沒有 COVID-19 的肆虐。

酗酒者已經如此可悲，女性酗酒者還處於更羞恥、弱勢的地位。

醫生要我們輪流說出自己酗酒最嚴重的經驗，這時我的頸後豎起寒毛，全身冒冷汗。我和這些可悲、可怕的人們不一樣，不屬於這裡，竟然還要在他們面前說出我的酗酒史？這時，我暗自打好草稿，決定說自己只是迫不得已，因為應酬需求得了急性肝炎。這不算說謊，僅僅是說了一半的事實。

拎著紅白塑膠袋的老伯伯笑著對醫生說，我？有酒就喝，喝完再來看你啊，你每個星期聽我說，還不夠喔？

醫生對他說這週有新成員加入，要他為新人再說一次。

老伯伯轉身看看我，沒有輕視的意思，我卻低頭迴避他的眼神。

「我喔，喝到膀胱癌啊，現在已經是末期了，喝到我的身體沒有辦法代謝酒精，我的尿直接就是高粱，味道一模一樣，哈哈哈，人家說尿療法，搞不好有一天我沒錢買酒，就來這樣省錢！」

我的太陽穴開始劇烈跳動，感到一陣反胃。

換到刺青男：「我是戒毒成功，也不算成功啦，就混到沒錢買毒，後來就改喝酒，較（kah）俗（sio̍k）啦！」全場男性同學再度哈哈大笑。

天哪，我上輩子究竟是犯了什麼滔天大罪，或強搶了多少民女，才會和這些蛇鼠共處一窩？難道沒有人看出來，我和他們是不一樣的嗎？我是成功人士，有一份正當的工作、美滿的家庭，我是「選擇」喝酒，自然也能「選擇」不喝酒，這些意志不堅的社會酒蟲、毒蟲，怎麼能和我的病況相提並論？

輪到戴著口罩的微胖女生發言了：「我，每天回家前，都要喝下兩大罐台啤，才能進去照顧我的媽媽。」

她的媽媽因中風，多年癱瘓在床，她在餐廳廚房打零工，領到薪水回家，隨即被好賭的爸爸拿走。早上上班，晚上要照顧媽媽，使得她睡覺時常被驚醒，長期睡眠短淺，讓她每日要靠酒精才能入睡。

因為她，原本覺得自己格格不入的我，心中某個開關才真正被觸動，開始認真聽講，眼眶慢慢泛紅。

我有股衝動想過去握住她的手，脫下我的口罩，看進她的眼說：「我懂妳的心情。」我想告訴她，我也曾經必須靠兩大罐啤酒，才能踏進家門，但我沒有付諸行動，因為兩個失意的人互相訴苦、舔舐彼此的傷口，對現況沒有任何幫助，那只是乞憐討暖，弱者的表現。

當時的我不懂得接受別人幫助，對相同處境的人付出關懷，是一股多珍貴的力量，那不僅能夠幫助別人，也能幫助自己。

我滿心以為自己和其他酒鬼不一樣，靠著我一貫以來堅韌的意志力，絕對可以走出酒癮的陰霾。過去之所以會有因酒而生的種種荒唐，只是我沒有正視酒癮問題罷了，如今，一旦下定決心戒酒，沒有我做不到的事。

輪到我了，醫生和全場參與者將目光投來。我決定了，自己連謊都不用扯，當著大家的面摘下口罩，堅定地說：「我不需要參加，謝謝大家。」

我頭也不回地走出會議室。沒有領藥，沒有預約下一次回診的時間，打算用自己每一次碰到困難與挑戰的方法克服一切——獨自咬緊牙關，看著遠方的目標，不達目的誓不甘休。

戒酒是我自己的挑戰，而我和這些人不一樣。

斷片

回到上海的家，我做的第一件事，是找出一本新的桌曆，和一隻紅筆。

網路上能搜尋到的戒酒的方式有很多，有人維持每天固定飲酒但減量，有人從一週喝七天縮短到只喝兩天，有人將高酒精濃度的烈酒換為一般的葡萄酒或啤酒。

我的自我要求一向甚高，因此一旦下定決心戒酒，便立下滴酒不沾的目標。每晚睡前，只要當天沒有碰酒，我便會驕傲地拿出紅筆來，在桌曆斜斜槓去那一天的方格，日日如此。

剛停酒的時候，我沒有什麼生理上的不適，網路上查到的「酒精戒斷」症狀——失眠、發抖、譫妄、冷汗……我全都沒有。或許是因為在下定決心滴酒不沾前，我已經逐漸減量了一陣，所以並沒有經歷急性戒斷期吧，但我總是隱隱地感到寂寞，像是心中有一個坑洞，需要拿什麼來補滿，特別是每日到了黃昏，夜晚將至，這通常是過去我舉起酒杯的時分，便會覺得生活中少了歡慶、輕鬆、犒賞等樂趣，多出很多不知如何打發的清醒時分。

停酒後的平常日，碰到某些令人高興的小樂事，我發現自己找不到對象分享，而在某些略感挫折的脆弱時分，也不知該向誰傾吐。雖然我有先生、朋友、些許要好同事，但，我早已習慣，並且懷念那種一人暢飲，和酒精獨處的氛圍，畢竟人生過去十幾年，最好和最壞的時光，都和它共同度過。

即使再惆悵寂寥，百無聊賴，我還是靠著月曆上整面的紅色斜槓帶來的成就感，一邊佩服自己意志力堅強，一邊享受著成功在望的愉悅，繼續撐下去。

三個月後，我集滿了整整三張紅色斜線，對自己充滿信心。

某個春暖花開的下午，我走在小區外圍的人行道上，經過 Lawson 便利店，門口貼著櫻花限量版 KIRIN 啤酒的海報，靈機一動，想要為自己達成這個階段性的目標小小慶賀一番，便進商店買了一瓶，坐在路邊花圃旁啜飲起來，看著蜜蜂圍繞繡球花飛舞，心情彷彿正在日本新宿御苑賞櫻一般愉悅。

久違的第一口黃金泡沫是如此冰涼可口，流過舌根及喉頭，苦中帶甘，抵達胃部時，轉成一股溫柔的暖意，沒多久，我便開始感到飄飄然，全身被熟悉的幸福感包圍，像是一個巨大的泡泡包圍著我。

我輕輕飛了起來。然後，就像被外星人劫持一樣，記憶突然一片空白，等我清醒時，已經不知是幾天後的事，只隱約記得聽到不斷重複的「叮咚，歡迎光臨」聲，大概是因為我在這段期間不斷進出便利商店，才在腦海留下了殘影一般的回聲。

我強撐著身體下床，腳踏上地板就一陣暈眩襲來。扶著牆壁走到浴室，我發現浴缸裡裝滿了櫻花限量版的空啤酒罐。胃部一陣噁心，懊悔緊緊地擠壓著心臟，我扶著馬桶不斷吐出穢物，包含金黃色的液體、還沒消化的食物、酸水……到最後，胃裡早無東西，我還是對著馬桶，弓著身子一陣陣地乾嘔抽搐，繼續吐出綠色的膽汁。

我連走出房門的力氣都沒有，拿起手機，用微信傳訊給就在門外的先生，請他進來。

我怎麼了？

一陣沉默後，他說：「我下班以後，就看到妳躺在床上，打開浴室門，裡面都是空酒罐，怎麼叫妳也叫不醒。」

喔。

我睡了幾天？

「今天第三天。」

第三天？表示我錯過了女兒開學的第一天、和朋友的聚會，甚至沒能和公司請假便人間消失。我像是不知何時走失而和家人分散的小孩，先是無比的害怕、後悔、羞愧，慢慢地，憤怒的情緒淹沒過其他，開始找藉口，發脾氣。

都是你那天太晚回家，我在路邊等你，太無聊才會開始喝酒的。

你為什麼不阻止我？讓我一直去買酒？

「對不起，我加班比較晚，來不及跟妳說。」停頓了一分鐘後，他看著我：

「其實我有阻止妳。」

這時，我才看到先生眼下深色的眼圈，以及臉頰上指甲的抓痕。不用多問，光看也能猜到，在我不停出門追酒、買酒的過程中，我們起過爭執，而他為了我守在家門口、睡在客廳，徹夜難眠。

你一定對我很失望。

「都過去了，現在妳清醒過來、停下來，就是重新開始。」

我回浴室去清理浴缸裡的酒罐，發現自己這次的縱酒量比過往任何一次加起來都多，彷彿累積了三個月以來的渴求一次爆發。大量縱酒再突然停酒後，我產生了強烈的生理戒斷症狀，持續約兩週之久，生不如死，像在地獄中勉力求生。

對自己的自信，和對我引以為傲的意志力的信任，都在這「地獄求生期」的兩週內瓦解、碎裂。

這時我才發現，我的酒癮就和活火山一樣，不知道什麼時候會爆發，靠意志力、計畫、信心喊話、家人監護，全都沒有用。

原來，這不是我一個人能夠解決的問題。

坐在三樓的窗臺上，腳下平日車水馬龍的大馬路如今只有三兩輛摩托車，緩慢、靜默地前行。路上有些行人，但我看不清他們的面貌。

坐著坐著，遠方傳來消防車和警車的鳴笛。聲音愈來愈近，最後止於樓下，不一會兒，家中的門鈴便急速地響起。

我前去應門，見到一位警察偕同社區保全，肅穆地站在門外。這場景太過怪異，彷彿在電影裡才會出現，有一度我甚至以為自己又有了幻覺。

「小姐，我們接獲鄰居通報，說這裡有人有危險行為。」警察先生頂著張撲克臉，旁邊跟著緊張兮兮的夜間保全，「能讓我們進去看看嗎？」說畢，他竟然面露尷尬的神色，我低頭一看，原來自己衣衫不整。

我急忙回房間抓起一件睡褲穿上，順便掬水抹了一把臉，清醒一下。我向他們解釋，剛剛只是我一時興起，在窗外露臺抽菸。

興許是我身上殘餘的酒味、桌上散落未清理的紅酒瓶，和門口擺放的多雙童鞋，警察先生不願輕放，堅持要和我的「緊急聯絡人」通話。

「我的先生現在在國外出差。」

「那就給我妳直系親屬的電話。」他堅持。

一陣憤怒衝上我的腦門，只不過在家裡抽根菸，犯法嗎？現在是凌晨四點，警察打電話給我的父母，難道不會把他們嚇出心臟病來？今天太長，一件事連著一件事，使我幾乎無能再招架，雖然都是我引起的，但我並沒有任何解決的方法。

「你如果擔心，可以坐在我家客廳，我先生明天早上就到家了。」這是實話，先生預計明早八點抵達桃園國際機場，應該不到十點便會直抵家門。

我打開門，讓警察先生進來，然後走入臥房將門反鎖，竟然就躺上床睡著了。

我想要用睡眠結束這荒謬的凌晨，但想不到完全清醒已經是兩天後的事。意識矇矓的期間，只要稍微醒轉，我就會想起自己丟失小孩的經過、弟弟的哭喊、警察先生的造訪，而這一切讓人難以承受，不想面對的我連房門都不想打開，唯一做的是起身服安眠藥，接著繼續進入混沌，讓靈魂恣意悠遊、發散在虛無飄渺的異度空間。

如果可以抹去一切，該有多好；如果可以回到過去的任何一刻，找到我開始變成如此不堪的那個轉捩點，我一定會搶下自己手中那一杯酒，有多遠丟多遠。

但事已至此，現在的我，靠自己什麼都做不到。

我不想沒有人愛我

強烈的飢餓喚醒了我。走出房門，睡在客廳沙發上的先生迅速坐起身。他起身為我熱雞湯，煮粥，我坐在餐桌，看著他忙東忙西，想要開口，卻不知道說什麼，有好多問題想問，卻又害怕答案。

「你出差，剩我一個人照顧家裡，打理全部，才會變成這樣，這不是我要的生活。」

對，就是這樣，先發制人，用眼淚征服他，爭取同情，責備就不會落在我的身上。

但他沒有回應。

我開始感到一絲恐懼。先生面無表情，沒有責怪憤怒，也沒有憐憫痛惜，只有疲憊。這是我第一次讀不到他的情緒，彷彿，也讀不到愛。

先生端了一碗雞湯過來，叫我趁熱喝，接著開始慢慢述說我在昏睡的時候都錯過了些什麼。

搭機前後，他打了不下幾十通電話給我，都沒有回應，憂心忡忡地直奔回家，驚見警察先生和社工坐在客廳，他們要求先生做筆錄，也要求他打電話給我的父母以釐清家暴的可能性。我的父母一接到電話，緊張地趕來，聽到警察解釋，對著警察和社工再三保證先生絕無暴力行為，是女兒有憂鬱症病史。聽到家有幼子的女兒疑似有輕生的舉動，我的父親立刻犯了高血壓，母親更是急出淚來。

最苦的是先生，他不但要安撫著急的岳父母、撬開臥房房門確認我平安無事，還要安慰小孩，跟他們說媽媽只是生病，需要休養。

在我藉由酒精逃避真實的時候，後遺症就像不會稍停的漣漪，一圈一圈向外波及其他人，這些人因為對我的愛愈深，擔心愈深，受到的傷害也就愈重。我已經不僅僅是搞砸自己的人生，還傷害了深愛我的所有人。

說到一個段落，先生起身離開。

「你是不是放棄我了？」我的心墜到了谷底，像是乘著雲霄飛車急驟落下，眼淚大滴大滴滑落。

其實我想問的是，你是不是不愛我了？

「我打電話問過松德醫院成癮科的醫生，他建議酒精戒斷時，要回去尋求醫療救助，舒緩生理不適，幫助妳情緒回穩。短時間內，可以多補充蛋白質跟維生素B，修補流失的營養。」

重新坐到我對面的先生，熟練地吐出這番話，好像社工一樣。

「你沒有回答我的問題。」我哭得連鼻涕都洶湧而出，抽噎不已。

彷彿過了一世紀那麼久，先生過來抱著我：「妳辛苦了，不要擔心，我會一直照顧你。」

我在他肩頭更加激烈地放聲大哭，邊哭邊喊出所有承諾，我會去看醫生，我會回去團體治療，我絕對不再喝酒了，如果再喝酒，你就把我關去醫院。

啊，將死之人突獲大赦，什麼誓言說不出呢？

「你幫我掛成癮科，我明天就去看，要住院也沒有關係。」

「好啊，先休息，等妳體力恢復，我帶妳去。」先生叫我先喝完雞精，再吃維他命，接著陪我躺回床上，握著我的手。

為了能讓我有體力出門，世界上不知道犧牲了多少隻雞的生命。而先生在做著這些事——煮雞湯，搬成箱的雞精回家，獨力照顧孩子，一邊等待我清醒時，他都在想什麼？孩子們呢？他們還在害怕我，責怪我嗎？弟弟臉上的紅色掌痕，消失了嗎？

明天，就是明天，我會用盡一切方法，只要有效，只要能讓我重生，不再傷害我的家人，我都願意嘗試。

因為，我不想沒有人愛我。

然而，我又反悔了。

那夜我徹夜難眠。我不想去醫院，不願和成癮者畫上等號，更遑論住進精神病房。在我的想像中，一旦以成癮者的身分入院，就會住進四面牆壁都是泡棉而無窗的房間，四肢被尼龍束帶緊緊地綑綁在床柱，嘴巴內塞著布，然後護理人員將巨大針筒無情刺入我臂膀，我會沉沉睡去，等下次悠悠醒轉，就會看到他們拿著電擊筒隨伺在側。

理智上我知道自己需要醫療協助，但心理上我卻過不去。想到之前參加具名團體戒酒會的經驗，想到在那裡的格格不入、陽勝陰衰的處境，不適的感受讓我的胃翻攪不已。

明明參加團體治療是要克服酒癮的，但團體治療本身卻讓我更想喝酒。很快的，我開始想著明天要拒絕出門，把自己關在房間，效仿電影裡的毒癮患者，在齒舌中間綁上布條，避免抽搐咬傷，只要三天不開門，癮頭自然就會解除了。

有沒有能撫平我的焦慮，讓我感覺能被接納的地方？

有沒有不要讓人家知道我是酒鬼的方法？

拿起手機，我用最原始的方法，在網頁瀏覽器搜尋框內輸入「自助戒酒」四字，找到了一篇文章，介紹戒酒「十二步驟的歷史」，並意外發現了「戒酒無名會」（Alcoholics Anonymous，簡稱ＡＡ）的關鍵字。

無名。

對啊，如果我不是我，不姓郭，不叫艾珊，而是沒有名字的人，就不用怕讓別人知道自己是酒鬼了。這樣一來，我是不是就能坦然面對酒癮的問題了呢？

我不想當我，我想當一個沒有名字的人。

這樣一來，我一定可以真正、誠實地面對自己。

「戒酒」會把你引入對自我無邊無際的拷問、不斷尋求出口，而「無名」才是真正能夠破除對自我的執著、打開自尊那扇門的鑰匙。但要拿到那把鑰匙，首先要有的是認清自己、自身處境，和面對自我的決心。

「臺灣戒酒無名會」的網站哪也沒去，一直掛在那等我，是我自己沒去找它，沒下決心尋找我能接受、適合自己的方法。瀏覽了相關資訊後，我才發現這樣不需要具名的戒酒會遍布臺灣主要城市，而且場次之多。這簡直像電影時刻表嘛，我在心中苦笑，眼前的選擇多麼豐富，你可以自由選擇適合的時間與地點，輕鬆得好像不過是要參加一場藝術的盛宴。當然，在當時我不知道，這其實是為了鼓勵每位酒鬼「隨時來、天天來、輕鬆來」的一種便利設計。

在臺北地區，一場特別注明「僅限女生參加」的團體吸引了我的注意力。看見這六個字時，我心頭那股自輕自賤的罪惡感飛走了一半，我好希望當下就能走入這個團體，認識其他和我一樣無法脫離酒精的女性。

太好了，原來，我不是全世界最糟的人，更重要的是，我不是全世界最糟的「女人」。

聚會時間地點是每週三晚上在某捷運站附近的速食店，上頭標示的聯絡人為「呂小姐」，後面附注了呂小姐的聯絡電話。

無名戒酒會的每一個場次後頭，都有對應的聯絡人，具姓並提供聯絡資訊。看到那一串電話號碼的當下，我其實有些狐疑，會有人把真實的姓名和電話如此開誠布公的放置在網路上嗎？特別是會來參加這組織的人真的不怎麼光榮。我猜想這些人可能是專業的社工人員，或是ＮＧＯ（非營利組織）的員工，總之跟酒鬼沒有關係，否則怎麼會有如此的勇氣？

您好

我想要參加週三晚上的聚會

請問應該如何聯繫

我在手機簡訊內輸入這三行字後，猶疑了許久，終於還是打下了「郭小姐」的署名。其實，我很想用假姓，但以現在混沌不清的腦力，恐怕屆時見面，我便忘了上次自己姓什麼，與其圓一個又一個的謊，不如一開始就誠實以對，況且，為了喝酒，我說過的謊還不夠多嗎？戒酒，不就是因為我不想，而且也無能再說謊嗎？

「掛到號了，這個主任很有名，一次只收三位初診病患，七點就要打電話進去掛號，我剛剛打了十幾通，終於掛到了。」送出簡訊時，先生走進房間，看見我醒來，喜孜孜地說。

聽見我說自己找了一個只有女性的戒酒自助團體，想要先試試看，他非但沒發怒、怪我讓他白費力氣，還燦爛地笑說：「有這樣的團體？太好了，什麼時候開始？我送妳去。」但他毫無保留的愛卻被當時的我視為一種僥倖的表現。心已經腐爛流膿得徹底的我，像一隻躲在洞穴的刺蝟，對世上所有想要幫助我的人都存著戒心，只想著他肯定是不想讓眾人周知自己有個酒鬼老婆、不想「家醜」外揚，聽到我說找了不用具名的戒酒會，肯定是鬆了口大氣。

我想跟他大吵一架。這樣，我就有充分的理由衝到樓下，再買一瓶酒了。

沒能等到開戰，手機來訊聲響起。

歡迎

明天下午六點半

上速食店二樓或三樓

桌上有很多書的就是我

第三章

沒有名字的戒酒會

我牢記我在聚會裡聽到的話。慢慢來，別心急。慢慢來，慢慢來。我牢記戒酒人的故事。我聽見叮嚀：「若你是酗酒者，來吧。」而我來了。我不知道我還能有什麼其他選擇。

……

有些人曾短暫來過AA，發現得不到什麼，便不去了，照樣戒酒成功。但我知道我不能沒有AA，沒有AA的支持，沒有AA的同志愛，沒有一個地方我能隨時求助、求援，我是不可能遠離酒的。

大約一個月後我開始明白，聚會能提供和酒一樣的紓解，給我同樣的融入輕鬆的安適感。AA如光，你到這兒來，便能成長、改變、茁壯。人在這兒掙扎、吶喊、受苦，然後看見希望。

——卡洛琳・柯奈普（Caroline Knapp，雜誌編輯、作家、酗酒者），《酩酊》（*Drinking: A Love Story*）

你好，我是酒鬼，我姓……

聚會的時間是週三晚間六點半，地點在捷運站出口旁的速食店。

在從關渡前往目的地的途中，我的心臟狂跳，胃中翻騰，好幾次想從中間隨便哪一站跳下捷運，直接搭車回家宣告放棄。要如此直球對決直視自己生命中的問題，是一種殘忍而難堪的伏首。

我害怕見到不認識的人，害怕對陌生人坦白，害怕將自己的軟肋袒露而將匕首雙手奉上。萬一聚會的人不接納我呢？萬一聚會裡的人都是渾身酒味、蓬頭垢面的遊民呢？萬一我們聚會的時候，有熟人路過，叫住我呢？縱使腦中有一萬個「萬一」，我依然沒有在中途的任何一站下車，緊按著覆在臉上的口罩，直直地走上速食店三樓。

推開門，我一眼就望見那方角落，桌上堆了兩疊深藍色書皮的書。一位短髮，穿著運動服裝的小姐，正專心的閱讀手上的書籍，我鼓起勇氣邁向前去向她打招呼，並希望自己好好忍住，不要因為緊張過度一開口就吐在她的身上。

「郭小姐，妳好。」

她起身招呼我，快速拉下口罩，笑了起來。口罩下是一張帶著健康膚色的素顏，笑容伴隨眼角與唇角的紋路，年紀約四十五歲，身材瘦削，看得出來是長年健身的體形。若不是早就知道這是一個成癮者自助團體，我會以為她是社工人員。她的態度大方自在，摘下口罩後，便再也沒有戴上過。她先是和我輕鬆寒暄外頭天氣，問我如何前來、家住得遠不遠……我漸漸和緩放鬆下來，將自己戴著的口罩脫下，放在一旁。

「今天只有我們兩個人嗎？」雖然麥當勞的空間有限，容納不了太多人，但桌上有起碼十本書，我心想：難道待會會來十個人？

「我們這個團體因為只限女生，人數較少，固定成員大概有六位，比較常來的是主辦人呂小姐和我，我姓蔡。」她再次對我微笑，我注意到她的齒列有點發黃不齊，全身上下，只有這一點讓人感覺像是常喝酒的人。

「今天呂小姐有事，她特別交代我要來歡迎妳。」似乎是看到我的目光疑惑為何有這麼多本書，她進一步解釋：「這些書我隨身帶著，因為我同時也主辦了週二

反抗……他會抗議，嘗試妥協，最後不現實地希望回歸可控制的節制。他開始依靠自我意志戒酒，相信自我意志的能力，並對外宣稱自己已經開始戒酒來證明自己，但通常過不了多時，又開始復飲。」在《如何幫助酒精成癮者》中，精神醫生亨利・戈梅茲（Henri Gomez）清楚地描述了一個有「意志」要戒酒，卻不願意承認自己是無能為力的酒鬼，往往會走上無限重複的復飲之途。

無名戒酒會這個組織的設立與用意十分巧妙。匿名是傳統中的精神基礎，參加者卻要在聚會當中，每一次的發言，都以「我是酒鬼」開場，為的是什麼？為的便是做到「戒癮十二步驟」中的第一步驟，也是最重要的步驟：「**承認我們無能為力對付酒精，而我們的生活已變得不可收拾。**」如果不打從心底深處，放棄對意志力的幻想與依賴，並深切的承認自己的無能為力，則永遠沒有踏上康復之路的可能。

如果病人不承認自己有病，世界上是沒有藥能醫治的。這就是病識感的重要性，特別是這樣的自助互助組織，若非病人自願前來參加，沒人能強迫。這也是為什麼，能來到這個地方，說出「我是酒鬼」四個字，已經成功跨出康復之路中最困難的一步。

速食店的室內環境嘈雜擁擠，而且桌距非常窄，即便不同桌，都像是並肩而坐。我感覺自己吐出的每一個字，都會被清楚的聽見，縱使左邊那桌的高中生正在埋首苦讀，右邊那桌的媽媽正在高聲斥責小孩打翻玉米濃湯。實話會不會劃穿全場無意義的嘈雜，讓每個人都停下手邊的動作抬頭看我呢？我不知道，但必須試試看，我必須先對自己誠實，才能拿到進入這扇門的鑰匙，踏上清醒之路。

這一句像是資格考的臺詞（Qualifying Line）「我是酒鬼，我姓……」雖然帶我走上了救贖之路，卻也對我造成了莫大的衝擊，如同被痛毆了一頓，五臟內腑皆流出膿血，而毆擊我的正是過去的自己，從回憶中召喚出來的鬼魂。

這七個字，比任何話語都難以道出。我想起小時候看過的童話，當小美人魚獻出聲音後，一欲言語，喉舌就像被利刃割著一般痛苦，此時我感到痛苦從喉嚨一路延伸到心臟脾胃，心跳加速，胃液翻攪。我是個如此爭勝好強的人，平時連一句：「我錯了。」都鮮少出口，更何況要在陌生人面前說出自己的祕密？但，想起過去種種痛苦荒謬的回憶，愈是黑暗，我愈想往光明躍進，只要可以擺脫酒精的糾纏，回歸正常，什麼我都願意嘗試，即便是吞劍也不怕。

「我是酒鬼，我姓郭。」

眼淚便隨著悔意不由自主地滴下。說出這句話，並沒有換來我懼怕的訕笑、鄙視，在場所有人只是靜默凝視著我。這句話像敲響了巨鑼，在我的腦中留下一波一波迴響：「酒鬼，酒鬼，我是酒鬼。」

神奇的是，在說出這句資格考臺詞之後，在蔡小姐心領神會的眼神關照下，我開始毫不保留的敘述自己的飲酒經歷。每次進精神科或戒酒門診，對醫生們的說詞還多少需要圓謊或打折，但在這裡，我彷彿拔起了一顆堵塞心頭已久而陳年硬化的軟木塞，裡頭的真實汩汩流出。

酒癮者的一千零一夜

我持續參加每週三晚上的ＡＡ聚會，隨著次數增多，接觸到更多成員，聽了更多像我一樣的酒癮者的故事。

我著迷於每個人開始酗酒的故事，但在聚會中，若非自發性訴說，打探別人的過去是不敬也不對的行為。固定參加一段時間後，我心想：不知道聽完一千零一個酒鬼的故事後（當然實際數目上不打算那麼多），我有沒有可能徹底認識酒精與原諒自己，並下定決心與「我是酒鬼」四字終身廝守？並不是我還想開喝，而是一日酒鬼，終身酒鬼，唯有坦然面對，才能長獲清醒。

除了聚會的固定成員呂小姐與蔡小姐，我陸續認識了在ＩＴ產業工作，愛跳佛朗明哥舞的吳小姐；據說在金融業混得很好，每天經手幾億交易，卻開口閉口就罵男人的顏小姐；以及沉默寡言，出現時總是神情飄忽，明顯尚未脫離酒精控制的范小姐。

與這些成員相處時非常自在，雖然身處環境嘈雜，但在我們專注低聲的交談中，往往可以形成一個獨特的結界，慢慢地聽不太到別處談話的聲音，自然也不太擔心自己的聲音被聽見。每位成員的年齡、外型、背景都不相同，可以說是相當「多元共融」的一種聚會形式，唯一相同的是，我們都承認自己是酒鬼，而在互稱酒鬼的分享當中，每個人都感到安心，被理解，而每一次的分享，都彌補了自己一點點的空缺，也帶給其他人一點點陪伴與安慰。

聚會的形式除了朗誦《戒酒無名會》書中的原則與步驟，最後用《安寧經》的一段文字結尾，中間幾乎都是自由分享。可以說說最近的狀況與心情，也可以提及有關過去的回憶或悔悟，唯一的原則是發言的人只做分享，而他人只負責聆聽，並不加以批評討論。若是來參與的當天沒有心情說，也可以只聽無妨。

對於第一次前來參加的人，成員們往往抱著恰到好處，並不過分熱烈的歡迎之意，這點與一般的宗教組織或插花團體不相同，不過分黏膩的關係也比較讓我放心。除了我的先生和課堂上的同學，以及極少數的朋友，沒有人知道我定期參加戒酒無名會，原本我也打算若被人不期而遇「指認」，就供稱自己是田野調查作業所需。

我曾經聽到不只一次這個說法：「慢慢來、輕鬆來、常常來、一輩子來。」剛剛聽到的時候，未免心生恐懼之心，覺得自己若一輩子被這個組織綑綁，豈不是永遠和「酒鬼」二字終身脫不了干係，但是定期參加幾次之後，心中慢慢升起一種奇妙的溫情感，以及一種「終於有人懂我」的解脫感，我便不須提醒催促，自動每週三晚上到那家進食店報到，與這一群人見面。

在聽每個人訴說自己「成為酒鬼」的故事時，心中也不免訝異，人家說「萬丈高樓平地起」，「羅馬不是一天造成的」，這種的「學習」與「積累」歷程也可以在成為酒鬼的故事中看見。最初或許是因著應酬起鬨的那一杯兩杯，也可能是失戀、失眠、感到孤獨……一直到所有外力都褪去，才發現其實不需任何理由，就是從自身而發由衷地渴望那一杯酒精，並且愈喝愈早、愈喝愈多、愈喝愈孤單。到最後，你唯一的伴侶就是酒精，甚至可以不要這世界的任何東西，只想與它獨處。某種定義來看，這難道不是真愛嗎？它無敵而且唯一。

呂小姐的建議

呂小姐是這個專屬女性的戒酒無名會創辦人，年紀比蔡小姐大，口條清晰，頂著俐落短髮，常一身運動裝。幾次之後，我才知道她過去是老師，現在則虔誠投身於教會事務。

初見呂小姐，我便覺得兩人間有很深的緣分，那樣的羈絆無法言語，我深深地被她坦承、開朗、體貼的氣質吸引，果然，後來呂小姐成為了我的輔導員。

某次聚會的過程中，呂小姐向我建議，若有機會，也可參加「大AA」，也就是不限女性專屬，男女皆能參加的大型無名戒酒會。

我好奇問她：「為什麼？那樣的場合，不會比較複雜嗎？」

她笑說：「那是最單純的一種場合了，因為每個人都是酒鬼啊。」隨後補上解釋：「聽多一點每個人放下自我的故事，妳會更理解將來走過十二步驟，邁向康復之路，最重要的還是第一步，承認自己的無能為力。」

的確，能說出「我是酒鬼」的人們，都是一樣的，抱著願意徹底檢討自我，承認自己無能為力的心，前來尋求幫助——能有人提醒自己，今天不要碰酒精，保持清醒，一天也好，慢慢的，一天一天，會累積成一星期、一個月、一年、十年，甚至終身。

當時我才了解，為什麼無名戒酒會聚會的時間地點，會像電影時刻表，每天每地都有，就是要讓需要被提醒的酒鬼們，有地方可去。

說來可笑，臺灣真是一個酒精友善的地方，雖然我們有嚴格的酒駕取締，晚間十點以後才能播放酒精類廣告，而且大多標有「飲酒過量有害健康」的警語，但是酒精的取得，比飲用水的取得還要便利。不是嗎？臺灣是全世界便利商店密度最高的國家，而只要能聽得到「叮咚，歡迎光臨」的地方，酒精也展開雙臂歡迎你。

大AA的甘先生

聽從呂小姐的建議，我參加了幾場每週六晚間七點半，在里民活動中心舉辦的大AA。

這裡的大AA，比較像電影中看到的場景，推開會議室的門內，是圍成一圈的空座椅，等待酒鬼們陸續入座，密閉式的空間，確保除了酒鬼之外，沒有別人。

我剛到的時候，一位偏瘦，白髮，年約六十，身穿深藍色夾克的先生，正在將摺疊式鐵椅一張張展開，試圖拼成圓形，我靠近自我介紹，並欲幫忙，他雙手急揮著說：「不用不用，女生來參加就好。」我才意識到這場是有性別區分的聚會。我問他，要排多少張？目測已經拿出了快二十張椅子了，待會會都坐滿嗎？他說：「不一定，先排好，人自然慢慢會來，有時會滿，有時不會。」

這位先生姓甘，是中山區AA的主持者。

當天陸陸續續進來了不少人，大部分都是男性，僅有一位陸小姐和我，是在場唯二的兩名女性。

甘先生主持的聚會流程，和我所參加每週三的女性聚會一致。不同的是，在女性聚會中，當要分享最近的現況，通常沒有冷場，有時候還會超時，這場卻持續了非常久的沉默，一開始我以為是因為有我這個陌生人在場，後來才知道，這就是屬於雄性的緘默，而每次打破冰局的都是甘先生。

甘先生說：「現在清醒很久以後，每次都會想到當初喝酒，有多麼的好笑。人家說酒鬼朋友多，到處可以喝，我不是，我喜歡躲起來喝，米酒啊，高粱啊，家裡有什麼就喝什麼。出去外面喝，太麻煩。

有一陣子我會從三重特意坐車到臺北市裡面找朋友喝，二十幾年前三重根本沒有可以喝酒的店，我還要花錢坐計程車來回，後來就想，幹嘛不在家自己喝就好，省錢又省時間。

真正的酒鬼沒有朋友，最倒楣的也不是酒鬼自己，是酒鬼的家人。我的太太跟我結婚三十幾年，我就喝了三十幾年，她不讓我喝，我就找架跟她吵，吵架不是為了要吵贏她，是為了有理由把房門關起來，在房間裡面我繼續喝。

我參加戒酒無名會以後，我太太發現癌症，後來她走了，到現在，我一直保持清醒。這個沒有前因後果啦，我也不知道我早點參加，早點清醒，我太太會不會比較開心，就活得比較久一點。每個酒鬼都是自私的，就算清醒的時候，如果不徹底改變自己，到最後還是會回到自私那裡去。」

他說完之後，下意識地拿出手機查看時間，坐在他身旁的我看見他的手機螢幕，是自己與太太的合照。那張照片裡的他，頭髮還是黑色的。

「喝了再上」的陳司機

在大AA裡面我聽了許多令人匪夷所思的故事，有時候難免忍俊不禁，之後隨即暗責自己太不莊重。

有一位操著臺灣國語的陳司機，留著平頭，穿著深藍色夾克（我有點懷疑深藍色夾克是協會制服，後來發現只是因為秋天到了）和拖鞋。他比較不擅表達，話語常常重複，但態度親切輕鬆，就是他讓我第一次感到，喝酒這件事情實在非常嚴重，嚴重到有時候必須輕鬆地笑著看待，否則人會承受不住。

他說：「今天講到第七步驟，求上蒼除去自我之缺點。我想到以前，我的缺點實在太致命了，我能夠活下來，真的跟吳說的九命怪貓一樣，那個是上蒼留給我的命。

我的缺點很好笑，其實我不敢開車（笑），我雖然是計程車司機，可是我的開車技術很差，常常K到，而且到了晚上，我的視力會變很差。

我家在南投，以前因為不敢開車，怎麼辦呢？我就『喝了再上！』，常常喝酒壯膽以後，帶著老婆從日月潭開車到臺北玩。十幾年前酒駕沒有抓得那麼嚴重，很多同行也是邊開車邊喝台啤，那沒什麼。」

講述完這頗令人莞爾的故事之後，他便又再描述其他同行如何喝了再上，沒被抓，之後又喝的種種歷險，卻也沒有人打斷他。

保持清醒三年的林先生

有的時候，我也會聽到來自徹底悔過的人，令人深深感動的故事。聽著那樣堅強的意志力，如何帶領他走向不可思議的懺悔之路，雖然步步艱辛，卻甘之如飴地過著。

一位瘦瘦高高的林先生，頭戴黑色棒球帽，取下時也是平頭，他舉手發言：「我昨天晚上最後一班車到臺北，回到家看了一下我小孩，小孩早就睡了。明天中午的火車回去花蓮監獄。」

我原本以為他是假釋外出的服刑者，其實他的樣貌跟服刑者沒有差別，也有著一種認命與順從的氣質。

他繼續說下去：「我的缺點也沒有比我管的人少多少啦，有的時候管他們，一邊也會想自己都管不住自己了。

每個星期這樣坐火車上來，也很習慣了，就是讓自己冷靜一下，也看一下小孩。他媽媽沒有很歡迎我啦，但我不管她，我就是要每個星期都來。」

原來他是花蓮監獄的一名獄卒，每個週末都從花蓮坐火車來臺北，探視離婚後跟著母親的小男孩。他沒有說酗酒的起源，也沒有說曾經造成的傷害，僅僅提及如此的行程已經持續了三年，他也保持清醒了三年。

他不需要多說，這個聚會並不是設計來讓人對著眾人懺悔而得到豁免，酒癮依賴和保持清醒一樣，都是個人的事情，除了自己和上蒼，不需要對其他人交代。但是在場的所有人，包括我在內，都能了解這三年，他過得有多麼辛苦，卻多麼踏實地痛苦或快樂著。

每個喝酒的故事都是相像的

去過了許多不同「場次」，聽了許多成員的故事，來自不同背景，唯一相同的是酒鬼的身分。在逐次傾聽中，我慢慢發現，每個喝酒的故事都是相像的，但酗酒的故事則各有各的起頭。特別在小AA當中，我發現女性酗酒的起因，大多來自各種不同層次的依賴：對完美、對認同、對感情……等等，這和經濟能力或社會地位無關，比較像來自過分在意社會眼光，而加諸自身的內心壓力。

講到「第一杯酒的魔力」，每個人描繪的情境不同，但那股吸引力之致命，一說在座眾人皆能理解，而「只有酒鬼可以理解酒鬼」這句話在聚會當中，一再被驗證。

成員說：「每天下班，就想著誰都不要找我，走到家中巷口的便利商店，閉著眼睛都能找到放高粱的角落，結帳時店員也不用問有沒有載具，我比打卡還準時。回到家，打開那瓶，我這一天的辛苦奔波都值得了。」

另一個成員：「你還能等到下班？我從辦公室櫥櫃拿出來就喝了！」

大家一哄而笑：「那是因為你是老闆，有自己的辦公室！」

不同於日常生活裡其他的誘惑，它如此美麗、神祕而真實，專屬於你，只等待你，於是懷念起曾經和它單獨共處的美好，全世界只剩你和酒精，一股琥珀色的薄幕隔絕了世間喧囂，安靜沉穩地在酒海裡飄蕩。

至少在醫院裡，我不是罪人

蔡小姐是小公司老闆，近年現金流出問題，周轉失靈，經常需要應酬斡旋，不知不覺中，除了夜晚需要酒精陪睡，白天接到討債電話，她也常從櫃中拿出原本要致贈客戶的威士忌，一醉解千愁。

酒精藏在何處？又不是每個人都像蔡小姐有自己的辦公室，於是各種深具創意的藏酒方法紛紛出籠。馬桶水箱屬於中度等級，床底下簡直是怕人找不到，衣櫃裡是所有人的首選，但要小心不要忘記沒關好的紅酒瓶，曾經有成員一把打翻，整櫃衣服被染成紅色。各式藏匿點包括：洗衣機後、冷凍庫（伏特加不會結凍）、鄰居鞋櫃（要找他們永遠不會穿的那一層，進門前打開喝一口）、大門盆栽後……各式各樣既符合動線又融於日常的藏匿處，卻也因為酒味被家人發現而一再被清掃，彷彿ＣＳＩ辦案一般。我聽過最有創意的藏酒方法是，將繩子垂下窗臺，進家門前在樓下先用繩子綁住酒瓶，進房間後再緩緩拉上——得手！今天一整天「安全」了。

至於為什麼要藏酒？因為關心我們的家人會檢查，可能是老父老母，可能是伴侶，也可能是兄弟姊妹。這就聊到另一個共通處，霸凌家人是我們的專長，躲進房間，酒瓶一開，外面的世界天塌下來我們都不理了，因為知道家人一定會忙收拾，這種不把別人當人看，不管他人死活的心態，難道不是霸凌嗎？

家人，可能是正在身邊苦苦守候我們清醒的人，也可能是誘使我們一再以酒精逃避的源頭。許多成員因為和家人相處不睦，選擇以酒精封閉自己；也有些成員從小在酗酒、暴力的成長環境中，耳濡目染，就算再三警戒自己不能重蹈覆轍，終究在成長的某個節點中被誘發，逐漸依賴酒精，成為癮症。但家人依舊是許多成員前來聚會的動力，有些人是為了不再讓自己成為累贅，有些人是為了擺脫控制，甚至有伴侶、姊弟偕同參加，希望走向清醒之路。也因為酒鬼對家人的影響，甚至與酒精對成癮者自身的影響不相上下，除了針對酒精成癮者本身的「戒酒無名會」，也有針對家屬的互助團體，而互助團體的首要原則時常讓不了解箇中原由的人震驚，竟是要家屬「放下」——讓酒鬼去喝，不要藏酒，也不要幫他善後擦屁股，讓酒鬼自己面對清醒後的一切。

沒錯，放下。

酒鬼們清醒後的一切，包含自行搭車去急診室，和公司告假，處理房間的雜亂與酒瓶，面對戒斷期的各種生理混亂與不適，可能長達一到兩週的失眠，以及當中各種因為長期營養失調而出現的症狀——落髮、腸胃不適、食欲不振、口角炎……甚至黃疸。這些種種，都必須訴諸專業醫療，以及戒酒無名會成員的幫助。

家人只能學會放下，觀察，照顧好自己，其餘的，一律幫不上忙。

曾經有被家人強制送醫的成員，辦完出院手續後第一件事情，便是到便利商店採購，回到酒精的懷抱，在計程車上邊報平安邊開喝。回到家後，家人氣餒又憤怒，索性將大門反鎖，不讓成員出門，三餐像牢飯一般送到門口，堪比COVID-19隔離的處置。但看得住一時，看不住一世；不出一週，成員便趁家中無人，踹破房門，再出去採買，等到家人返家，又是一片杯盤狼藉，只能氣得再將她送入醫院。

這個成員，我們叫她阿玉吧。

我問阿玉，都已經出院了，為什麼還要把自己搞成這樣，又被送進醫院？阿玉一年起碼十進十出，已經是幾間醫院的精神療養常客。

「醫院裡很安全，我買不到酒，裡頭的醫生和護士也和我很熟，我覺得安心。比起在家裡一天到晚被唸，怎麼不出去找工作，怎麼不交男朋友，還不如在醫院裡面，定時定量，吃完三餐過一天。」

聽起來荒謬，我卻能理解，回想到幾年前我在榮總等待黃疸指數下降的療養生活，在醫院亮白色的燈光下，一切都如此澄淨清楚，我只是個需要被關照的病人，醫生、護理師關心的只有我的健康。除了靜養之外，一切外在的壓力、責任、眼光都不需要承擔。

更重要的是，在醫院裡，我是個病人；回到家中，我是個醉人，也是罪人。

我們都可能再「跌倒」

聚會雖然定期舉辦，成員卻不一定每次都到齊，因為這裡完全是自發性參加的組織，不點名，沒壓力，想來就來，不能來，也不用請假。COVID-19 疫情開始後，我們改為線上聚會，參與的人數竟比實體會議還多。或許線上會議是更方便匿名組織運作的一種方法，不需要在公共場合出現，誦唸藍色大本，分享私密經驗時也不用擔憂隔壁桌客人的眼光。

有時，會有成員好久沒出現，大家心知肚明，這個人可能又「跌倒」了。第一次聽到成員說：「某某某跌倒了，要休息一陣子。」我還以為某某某是真的骨折受傷，後來才知道，跌倒指的是「復飲」，也就是再度開喝。然而，對於跌倒再回歸的人，大家完全不當一回事，彷彿這人不過是休假了，或臨時有事不能參加，一句

「你回來了」、「你還好嗎？」都沒有。只要當事人不提，「跌倒」這件事便彷彿沒發生過。

每個人都有可能「跌倒」，這在所難免，重點是：下一次我們還爬得起來，還回得來。

酒鬼的故事雖然相像，但個人有個人的課題。我觀察到，雖然參與戒酒會，還是有些成員持續每日飲酒，也有人依靠戒酒用藥，控制飲酒量，這困惑了我好一陣子。難道這是一個允許酒精存在的組織嗎？

後來資深成員告訴我，視個人生理狀況，也尊重個人選擇，有些人仍然維持少量飲酒的習慣，也有些人心知肚明，也經過無數次的驗證，一旦沾酒並不可能停下來，非到喝掛不可，而這些人便明白要保持清醒，只能滴酒不沾，沒有中間的選項。

仍然保持每天一杯紅酒的吳小姐，是金融業的女強人，一雙迷人長腿，高眺的體格，外在條件優越，但偏偏常栽在感情漩渦中，每次聚會，這都是她發言的重點。

「我知道自己不會追酒啦，再怎麼樣也不會讓自己喝到像以前一樣掛掉，為什麼？我沒結婚，自己住自己活，家人不管我，現在也沒男人，掛掉了誰照顧我？我每天上班，要經手上千萬的期貨交易，搞砸了我也賠不起。你們這種會追酒會讓自己掛掉的，就是再怎麼樣都多多少少有照顧你們的人，像我這種孤家寡人，要追酒只能面對兩種後果，一種就是掛得有夠慘，沒人送醫院，自己死在家裡，另外一種就是自己賞自己嘴巴保持清醒啊，不然怎麼辦。」

當我們笑稱她是工作狂時，她大方承認：「我很愛錢，我很愛慕虛榮跟生命，我承認啊！錢多好，賺錢可以讓我享受到一切，愛怎麼花怎麼花，我不會讓喝酒影響到賺錢這回事。」

這麼簡單明朗的生活觀，我非常佩服。

心中的匱乏只有自己知道

另一位資深成員張小姐，告訴我：「其實來聚會的人，除了酒癮，大多還有別種癮。有的有食癮，有的有工作癮，有的有男人癮，連運動都會上癮。而且當酒癮控制住後，有些人會產生癮症轉移的現象，所以我們都要很小心自己的身心狀況，對任何事物的投入，過與不及都不好。」她在參加AA之後，保持清醒長達五年，這中間曾經轉成食癮，用甜食來填補對酒精的渴望，結果一年內體重上升了十公斤。在積極控制飲食後，現在她每週運動五次，並定期擔任盲人慈善基金會的義工，將精神轉移到奉獻與幫助之上。

講到男人癮時，吳小姐忍不住插嘴：「這世界上所有人都有某種癮症吧，酒鬼還算有救的，知道依賴酒精不好。你說對成功上癮的人怎麼辦，世界上沒有人會說他們不對，欲望與能力失衡了，心中的匱乏只有自己知道。」

當時，我已經參加聚會長達一年之久，每週一次的談話，從誦唸十二原則開始，到分享個人生活經驗，最後以《安寧經》結尾。一次一次，唸完「上蒼，請賜我安寧的心境，接受我不能改變的事實，請賜我勇氣，改變我能改變的，並賜我智慧，識別其中的差異，按照祢的意思去做。再來，再來，再來」後，我覺得全身被滌淨，心情平靜妥貼，這是一個不加評斷、完全開放的港灣，這裡的人了解彼此，不管任何酒鬼犯過的錯事、蠢事、瞎事，說出來只會得到共鳴，不會有任何責備或驚異的反應。

從第一次參加ＡＡ，到正式向外界承認自己酒精成癮的問題，拒絕飲酒，我的心情逐漸從羞恥轉為平靜。但，不可諱言，面對外界眼光，自己還是會緊張，偶爾心情低落時，也會聽見內心黑暗的聲音，在譴責自己，而這些外界給的心理壓力，就是為何必須依靠團體支持，而非單打獨鬥的原因。

在ＡＡ裡，我逐漸康復、強壯，認識自己是什麼樣的人。

我開始愛上這樣的節奏、這樣的環境，這個充滿理解與接納的家庭，卻沒有親情的羈絆，自然沒有罪惡感的負累，我們是一群日常生活中完全沒有交集的陌生人，只有在戒酒的世界裡是互相扶持的同路人。我真心覺得僅需要定期參加聚會，就可以完全擺脫酒精的糾纏，徹底成為一個清醒的人，卻沒有注意，酒精是個狡猾難纏，必須長期斡旋的對手，也是一種慢性疾病。酒癮患者就像在走鋼索的人，需要從身、心、生活習慣、價值觀上分分寸寸、方方面面的調整，才能永遠在鋼索上保持平衡，不再跌落被酒精控制的萬丈深淵。

這時的我還不知道，一年的清醒資歷太短，不足掛齒，也不知道遠離酒精是終身的課題。

有了病識感，進入無名戒酒會，只是拿到戒酒的門票，在還沒有走過「十二步驟」，全然承認自己的無能為力，徹底檢討自己性格中的缺陷，那些導致我對事物產生依賴、成癮之源頭，「跌倒」之路，指日可待。

間過去，自己終究會撲向他的懷抱。時間隔在我們中間，不是障礙，反倒像是一種誘人的前戲，這中間的頓點並不悠長，巧妙地製造出一種篤定而確切的倒數氛圍，五、四、三、二、一——我們終於再度相聚。

稍事清醒後，強大的罪惡感與挫折感淹沒了我，滿心以為向外誠實托出自己酒癮患者的身分，就是我所能成就最大的救贖之舉。伴著熟悉的頭痛、口乾舌燥、心跳狂飆、冷汗竄流全身，我走向洗手間，拿起梳子想梳理打結的髮絲，盯著鏡子裡蒼白發腫的自己，兩個眼眶凹陷。這個人，看起來如此軟弱、無恥、討厭——就是這個人毀掉我的完美紀錄。本能順利走上康復之路，一洗酒鬼臭名的我，就這樣又跌回深淵，一切得從頭再來，什麼都沒有改變。

一股憤怒襲上心頭，我將梳子狠狠擲向她，大塊的碎鏡片倏然崩落，整個洗手臺猶如戰後廢墟，充滿殘瓦。這一攤爛攤子，我也不想收拾了，都是她，都是鏡子裡這個人搞出來的事，讓她自己去收拾。

我再下樓補充幾瓶威士忌，突然想到一個笑話：「怎樣可以確保不再跌倒？趴滿趴好，不要爬起來就好。」都已經慘成這樣了，還能怎麼辦？我滑坐床邊，一邊大口灌酒，一邊大笑出聲。

沒有什麼比久別重逢的舊愛更熾烈，更能喚醒過去分分秒秒的美妙時刻，再加以溫存、回味、放大，也因此能在最短的時間內，將所剩的燭蕊燃燒殆盡。

家人回到家之前，不到短短兩天的時間，我就能將自己喝成過去泡在酒精裡兩週的程度。一樣終日未食，僅攝取酒精，營養失調，以至於嘴角發炎，皮膚呈現微黃，身體多處發癢，體重遽降……到最後，酒也喝不動了，明明口渴難耐，卻一滴水都喝不下，只要一喝水，就抱著馬桶一陣一陣的狂吐，一直到吐出綠色膽汁。這些生理症狀還不是最糟的，恐怖的是一旦停酒後，不僅渾身發冷打顫，也會出現幻聽，幻覺，閉上眼睛便覺得有人在對我說話，像是鬼魂，也像是曾經認識的人，於是我睜眼到天亮，徹夜不眠達好幾天。

我感覺到有隻冰冷的手握住我，輕聲地說：「我們回來了。」

這是幻覺嗎？我不敢睜開眼。

過去幾天的獨自沉淪，我知道自己的能耐，知道自己可以搞出多大的混亂。我記得自己在電話裡對家人各種謾罵與責怪；傳出無數則毫無意義，擾人又嚇人的訊息給通訊錄裡的朋友。喝酒時我總是感到寂寞、不平、委屈，酒精能麻痺，也能釋放情感，我以為自己只是說出平常不敢說的話，但酒精這個惡魔，卻常常扭曲原意，將話語變成刺刃，幸而傷害其實不算多，因為更多時候我只是語無倫次。

我為家人做出的種種改變，獲取了他們的信任，看過他們那種鬆一口氣，終獲重生的眼神，如今，我卻又讓他們失望了。跌得這麼快，這麼軟弱，這麼無恥。你們，真的還願意回來嗎？

不是幻覺，先生幫我將浴室裡的狼藉收拾齊整，扶持我進浴室，幫我洗頭、洗澡，吹乾頭髮，換了套全新的居家服，也幫我將沾染嘔吐物、淚水、汗水，慘不忍睹的床單換新。

「小朋友我先放在爸爸媽媽家，這幾天我陪妳好好安靜休息。」

我痛哭失聲，坐在床緣，抱著他的腰，不停的道歉，重複說著「我不知道為什麼會這樣」這種聽起來就讓人想賞我幾十巴掌的廢物話語。

先生很熟悉陪伴我振作起來的SOP：第一、先給我安眠藥，確保我能好好睡上一覺。第二、補充足夠的維生素B和雞精，恢復體力。第三、待在我身旁但不打擾，我想做什麼他都靜靜地陪伴，要躺在床上用手機看無腦劇看一整天都沒關係，不給我壓力。

一週後，我打開房門，他正在客廳開電話會議，趕緊按靜音，問我：「想吃什麼嗎？」

我說：「我想去看成癮科醫生。」

他走過來，緊緊地抱著我，我於是放聲大哭，用一種嚎啕的、撕裂的、吼叫的方式，發洩自己所有的不明白與委屈，他只是一遍又一遍地拍著我的背，說：「妳辛苦了。」

在當時，我覺得去成癮科等同承認自己和其他精神病患無異，是個確確實實的癮者；而向醫生繳械低頭，是比在AA裡承認「我是酒鬼」，更低下，更自尊塗地的舉動。

後來我才理解，徹底理解酒癮作為一種生理疾病，尋求專業協助，是多麼重要的觀念，也是走上康復之路最關鍵的一步。

拿到門票之後

酒癮是一種慢性疾病，停酒只是拿到前往康復的門票。

我在AA的專屬 Line 群組中發出求助訊號，坦承自己再度跌倒，目前有就醫的念頭，希望成員能夠推薦好的成癮科醫師。

一位素未謀面的劉小姐，向我一連發了十幾條訊息，每條訊息中都有哆啦A夢的貼圖。

「郭小姐，妳現在剛停酒，一定很不舒服，去就醫是對的，避免妳再用酒精來舒緩身體不適。」

「松德醫院的黃醫師，看診時間是每週一下午，初診只接受三位。」
「我有相熟的護理人員，幫妳問問能不能先掛上號。」
「問到了，妳明天最好九點前到現場掛，比較有機會。」
……
最後一條訊息是：「要我陪妳去嗎？」

在正常人的社會中，成年之後，就算是再相知的朋友，遇上傷病痛患，都不一定會麻煩人家陪你看醫生，何況是從來沒有見過面，只在視訊會議中聽過聲音的「網友」呢？（因為新冠疫情關係，有一陣子ＡＡ聚會改成線上會議。）除了為ＡＡ中豐沛的相助能量感到不可思議，我也同時感到不好意思，充滿感激地婉拒了。

想不到，第二天早上八點五十分，一位捧著保溫壺，穿著運動外套的小姐，就坐在門診等候區，看到我以後說：「妳是郭小姐吧？我是劉小姐！」她，竟然真的來陪我了。

劉小姐年約三十，生性健談活潑，她長年給松德成癮科主治醫師黃名琪看診，也因為酒癮及憂鬱、躁鬱問題多次進出醫院，因此十分熟稔醫院戒治、就診、輔導的流程。她向我解釋，初診需要填寫許多表格，了解我的酒精使用程度，也會有較長時間的心理師專訪，側寫我的生理及心理背景，才能讓醫師評估各種醫療方式如何配合，不單單僅有藥物，還有團體、個人心理輔導，或者轉介戒酒團體。

「我怕妳等太久，來陪妳聊天啦。」她留著學生式耳下短髮，兩個臉頰圓圓紅紅，時不時拿出薄荷棒，探到兩個鼻孔輪流聞一下。「戒了酒，現在要換戒菸，所以拿薄荷棒來代替，吸一下可以醒腦，哈。」看我不安地盯著她的保溫瓶，「這是高山茶，不能喝酒，就喝茶！」

我會習慣性盯著AA成員的保溫瓶，不是沒有原因的。曾經有次聚會，我看著某位成員侃侃而談，邊發表感想，邊舉起保溫瓶啜飲，原以為那是溫飲，不以為意，卻隱約聞到米酒的味道，正又疑又驚，和身旁另一位資深成員視線交會時，她微微地點個頭，彷彿是用眼神示意我：「妳聞到的沒有錯。」事後那位資深成員來找我，向我解釋：「只要她來聚會，就表示有想要清醒的打算，我們不會責怪個人處理酒精的方式，只要她有一顆想要康復的心。」

在ＡＡ當中，每每感受到這種在「正常人」社會中所沒有的，無處不在的同理與溫柔，都會帶給我巨大的震撼。

初診果然要等很久，從九點到十二點，劉小姐足足陪了我三個小時，我也聽了她無數酒後送醫住院的荒謬故事，她的情況時好時壞，高低起伏，現在看起來活力四射，應該是正處於狀況較好的時候。

坐在候診區已經三個多小時，近日睡眠和營養不足的我，體力逐漸不支，心裡默默念想，待我再度好起來，不知能不能和劉小姐一樣，勤於幫助他人，還是又會自顧自的，回去做我自私又驕傲的「正常人」，直到下一次再跌倒？

「郭小姐，等看完黃醫師，妳一定會變好的，好了之後要多吃一點，妳又瘦又蒼白。」

這已經是劉小姐三個小時暢談中，約莫第五百次提到「黃醫師」了。我可以感覺到她對黃醫師巨大的依賴與崇拜，她也說，能定期來和黃醫師談談現況，就算退步也坦誠以告，對她有很大的幫助。

我沒想過醫患之間，可以有如此公開而信賴的情感。

「妳知道嗎？有時候我會感謝自己是酒癮患者，不然，我就不會認識像黃醫師，像AA裡面那麼多那麼棒的人！」

劉小姐曾提過她有躁症，這句話輕輕地拉動我心中的警鈴。她隨後給我看了一段手機裡的影片，於是我不但明瞭為什麼她每個 Line 貼圖都是哆啦A夢，也慢慢信服她剛剛那番聽來有點過於誇張高亢的發言。往後，我還會碰到許多來自戒癮體系，不同角色的互動，從中得到的幫助與感觸，都讓我更加感激於這份生命經驗。

那是一段三分鐘的影片。

哆啦A夢是怎麼產生的？

哆啦A夢原本是未來世界裡大量製造出來，要照顧人類嬰兒的機器貓，雖是藍底，但統一鍍上黃漆。

但這隻最特別的哆啦A夢，在出廠時就掉了一顆螺絲，各種測試發展都比其他的黃色機器貓慢，被送入機器貓後段教育班，最後陰錯陽差，成為拍賣品，被大雄的玄孫世修不小心在機器人選拔會上按錯扭，才會結下這個緣分。

後來，又因為被老鼠咬掉耳朵，誤喝悲劇口服液，大哭三天三夜將身上所有黃漆哭掉，才會成就這世界上獨一無二的無耳藍色小叮噹，以及我們五十年來永遠看不膩的機器貓故事。

看完，我的眼眶蓄滿淚水。

「郭小姐，這是我最喜歡的影片，沒有人天生願意變成酒癮患者，就像沒有機器貓會想要少一顆螺絲，跟大家都不一樣。但就因為我們的疾病，不僅得到許多像黃醫師一樣很棒的人的幫助，也可以認識更多有相同困境的人，進而幫助他們，這些都是上天最好的安排。」

時間掐得剛剛好，再長的等待也有結束的時候，看完影片後，診間就叫了我的號碼，我也得以進去看看劉小姐口中「最棒的黃醫師」。

劉小姐開心地對我揮手道別，叫我快點進去，轉身下樓，離開了。

「艾珊，妳對自己的酒精成癮，有什麼看法呢？」

黃醫師有別於我所見過所有的身心科、肝膽腸胃科，甚至婦產科醫師，她不僅眉清目秀，即便戴著口罩，也依稀能見到溫暖的笑容，聲調平穩輕鬆，甚至略帶笑意。我一直在想她的特殊之處，應當不僅僅在外型——對了，是她抬眼投來的目光，如此直截了當，又輕鬆自在。常有醫師在面對病患時，不是皺眉盯著螢幕打字，一副強自按捺，就連勉力多問兩句都嫌累的樣子，而黃醫師完全不同。

簡單來說，黃醫師不覺得我是「病患們」，她覺得我是「有名字的病患——艾珊」。她想好好認識我。

我將對自己病症的了解，大致講述了一次：「酒精成癮是一種慢性病症，和糖尿病、高血壓一樣，必須長期注意，除了遠離酒精，還要避免HALT（Hungry〔飢餓〕、Anxiety〔焦慮〕、Lonely〔寂寞〕、Tiredness〔疲倦〕）情緒上的波動。酒癮患者和其餘慢性病其實並無差別，在體質上我們對酒精過敏，容易有依賴反應，一日為酒癮患者，終身都要遠離酒精，才能保持清醒。」

像是一個背書的學生，我不帶情感地說完一連串。但最後一句話，當我說出口的時候，眼眶也紅了。

「停酒，只是拿到康復的門票，對酒鬼來說，戒酒成功的那天，就是我踏入墳墓那天。」

即便是看遍各種成癮患者的黃醫師，大概也鮮少聽見如此清晰明瞭的病患自剖，更何況站在她身邊的幾位實習醫師及護士。一瞬間，原本擾攘的診間安靜下來，大家從自己手上各自忙活中抬起頭來，凝視著我。

醫護人員的視線，讓我備感壓力。

「哇，艾珊，妳很清楚自己的病症！太好了，只要有清楚的病識感，我就有信心和妳一起努力，幫助妳走上康復之路。」

黃醫師接著向我解說，因為現在是酒精剛使用過後的急性恢復期，心理上除了低沉憂鬱，生理上也會出現重度失眠、焦慮、食欲喪失以至於營養失衡的狀況，需要一到兩個星期才能逐漸恢復，因此除了鎮靜錠、抑鬱錠、安眠藥，我還必須服用護肝藥、維生素B、鎂，來穩定身心狀況。

「如果妳願意的話，我們也能開立部分自付的戒酒錠，它的藥名是『拿萃松』（naltrexone），學理上是抑制腦內對酒精的渴望，但需要長期服用，大約三到六個月才會感覺成效。」她輕笑：「雖然許多人歡迎這藥的副作用，但我看妳已經夠瘦了，縱使妳願意嘗試，我們還是以減半劑量開始。」原來此藥的副作用，是會讓體重減輕。

「艾珊，妳覺得呢？」

「醫生，我什麼都願意嘗試。」

這個回答，並不只是病患對醫師的一時應付與服從展示。

縱使我為了酒精成癮的問題，花了許多時間研究書籍，訪問專家，得到的知識愈來愈多，逐漸撥開身邊的迷霧，但，我仍然無法完全從自卑、羞恥、慚愧、迷惑與憤怒……等各種情緒中脫離，這樣的病恥感，使我懷疑自己能不能算是個「正常人」。另一方面，了解得愈多，我愈知道保持清醒是我個人的責任，但除了自己，我還需要外界多少的資源和支持，才能過上正常人的生活。

「很好，那，我們就全面展開，定期回診！」

黃醫師給我一種如獲至寶的興奮感，使我不禁想像，她在治療過上百甚或上千的癮症患者當中，真正有心、有足夠知識、能向外尋求幫助而走上康復之路的人，可能不到一成。隱約中，我感覺自己除了要讓自己好起來，未來甚至能做到更多。

向醫師鞠躬道謝，要離開診間前，黃醫師問了我一個問題：「艾珊，我很好奇，妳的這些成癮知識與觀念，是怎麼來的呢？」

我看看牆上的時鐘，這是漫長的一天，不僅對我，對醫師也是，我不到九點就已在此等候，而現在已經下午一點半，外頭仍有許多候診患者。倘若我向她說完向蘆葦營林副執行長的採訪故事，黃醫師大概要到下午茶時分才能吃到午餐了，便略說了一些，其他留待下次再說。

黃醫師請社工幫我安排了院區團體治療、一對一心理諮詢，開立了戒酒錠及其他所需藥物，也安排每兩週一次定期回診，回診時會抽血來監測各種肝腎指數。從此，我開始穩健地踏上了康復之路，過去，我的生活和酒精難分難解，現在，我的生活和各項遠離酒精的訓練密不可分——週二回診、週三ＡＡ線上聚會、週四院區團體諮詢、週五心理師一對一諮商，週末，便著手寫我的戒酒日記。

三個月過去了，我除了體重因為藥物關係下降到ＢＭＩ低標，身心狀態都恢復得很好，食欲、睡眠正常，心情平靜，當然滴酒未沾，也並不想沾。回診時，黃醫師對我致上鼓勵與恭喜，並決定未來兩個月回診一次即可。

從洞裡爬出來的人：蘆葦營的故事

初見 Lydia

從二〇一九年參加第一場戒酒無名會開始，過了一年多的時間。

猶記去年生日，我懷著忐忑不安心情，第一次參加聚會，僅說出一句：「我是酒鬼，我姓郭。」便潸然淚下，言語無以為繼的場景。時過四百多天完全清醒、滴酒不碰的日子，天時地利人和，我終於能採訪到蘆葦營身心靈康復中心的創辦人，林為慧女士。

在AA聚會中，我至少聽過兩位資深的康復者，提過他們花蓮蘆葦營的經驗。上網查詢後，發現蘆葦營是一個非營利機構性質的酒癮（與毒癮）戒復中心，它所建議的十二康復步驟亦與外界戒酒自助團體並無不同。難道是因為囚禁、監督與藥物的外在治療使得蘆葦營比較容易成功嗎？蘆葦營的經營者及志工，多也是康復者，在其中發揮效用的，是不是就是互助團體比醫療治療更容易成功戒癮的關鍵因素——同理心呢？

一開始得知蘆葦營，我腦海中浮現的，是電影《二十八天》（*28 days*）那樣高級的度假村，裡頭有專業的輔導人員，帶領各種團體療復活動的場景，戒酒中心搞成跟水療中心一樣高檔，心中於是揚起了亟欲身歷其境的好奇心，唯一的顧慮是：難道我要真的再次犯戒飲酒，才能換取入院資格？這犧牲值得嗎？或者是說，我對於寫作，當真懷抱如此大的野心嗎？

說是天時地利人和，真不為過。待我終於聯繫上林女士，卻發現蘆葦營已於二〇二〇年停止收治病人，我自然無法以患者身分一探究竟。但林女士仍舊負責蘆葦營的衛教及行政庶務，並樂意接受訪問。既然不能以病人身分踏查，便無憂於損害我一年多清醒的功績，此次探訪，便減少了很多心裡的罣礙。

Elsa，歡迎妳來，OK，OK，我們就約十月二十三日中午，在玉里火車站前見，妳的訪綱我已看過，沒問題。

——Lydia

從寄出電子郵件提出訪問要求，到收到回信，中間不過一兩天的時間，效率過人，著實令我驚喜，而林為慧女士直稱我的英文名字，簡短俐落的文句，讓我感覺她是一個偏美式作風的人。

見面當天，我驚豔於林女士優雅自在的風度，她身高約一百六十公分，一頭微捲髮及肩，身著合身洋裝、戴著細緻的珍珠項鍊、口罩，睜著一雙清亮圓眼，親切招呼我。從眼角漾起的爪狀笑紋和打理合宜髮型中隱見的銀絲，能判斷她的年齡約莫五十多歲。

她先問我吃過午餐沒，便提議帶我到一家新開的咖啡館，離玉里火車站步行約十五分鐘。

初次見面的兩人，又以口罩遮面，要在步行的時分嘗試交談，由生入熟，不是一件容易的事，但她清朗而穩定的說話方式如同陣陣徐風，給我安定的力量。當天風和日麗，氣溫適中，這暖身的路程，既不喘，也不見生分尷尬，等到抵達咖啡廳坐下，飲料點畢後，我們已能極自然的對談了。

林為慧女士原是新加坡人，高中時期至美國念書，明尼蘇達心理所畢業後，來到臺灣彰化基督教擔任社工。二〇〇四年，她看見當時神父針對酒癮教徒採取強力介入手段，包括不停要求教徒禱告、讀經，檢討自身信仰虔誠度，然而對癮症戒斷的生理症狀一無所知，使她反省身為基督徒的使命：「身上有的就要拿出來用。」於是以專業醫療背景建議引入「明尼蘇達模式」，花了兩年時間訓練相關人員，直至二〇〇六年才成立蘆葦營康復中心並正式運作。

一開始在彰化時，中心沒有獨立的營地，多以衛教和上課的方式為主，一直到二〇一三年，一位花蓮神父找到現在的營地，才開始以康復中心的方式運作。

蘆葦營康復中心與其他戒治中心最大的不同，在於強調「酒癮是疾病」這個核心觀念，酒癮症不是意志不堅，也不是自甘墮落，而是一種慢性疾病，稱之為物質使用疾病（Substance Use Disorder），初源自於基因與腦部的機制問題，因肝對酒精的代謝功能不足，使酒精的氧化物乙醛增加，進而導致腦病變，影響中腦多巴胺的正常運作，使得腦部強烈需要酒精才能得到滿足，久而久之便成為一種成癮機制，變得「無酒不歡」，更進一步影響患者的精神與心理，產生不穩定、否定等防衛性思考，最後破壞思考、情緒與行為模式。

酒癮是疾病

「酒癮是疾病」是一句力量龐大的咒語——Lydia 說，在她多場演講中，只要此話一出，臺下聽眾幾乎都落淚。曾經是酒癮患者的我，深能體會這種「真相大白，還我公道」的慨然欲淚之感。原來，不是我的人格操守有問題，而是我的腦部多巴胺分泌系統生了病，容易依賴酒精建立滿足感。

Lydia 冷靜地說：「其實不只患者本身落淚，家屬也會落淚。」

我點點頭。嗯，想必也是如釋重負吧？

「不，有些家屬強烈否認與抗拒這個觀念。甚至還有老媽媽堅持酒癮的成因是人格，是環境，甚至是兒子娶的媳婦給他太大壓力。因為如果是生理疾病或基因缺陷，豈不是和自己有關，畢竟兒子是自己生的啊。」

Lydia 說，病人聽到「酒癮症」的說法，成功建立病識感之後，通常能夠放下羞愧，面對問題。因為疾病有明確的處理步驟，有步驟，便有希望。倘若真如過去的神父所說，這都是「人格的問題」，那患者得有多高尚完美的情操，才能康復？難道每個人都得要當上牧師才能戒酒嗎？反倒是家屬，多半會有不合理的反應，需要專業人員輔導他們。

酒這一種物質，在病人與家屬關係的兩個層面，雖然都造成傷害，卻有著不同的判因解讀。

為二十八天後做準備

蘆葦營康復中心將癮症的戒斷與康復分成三個階段——中斷傷害期、後遺症穩定期、日常保養期，而康復中心僅聚焦於第一階段進行戒治與輔導。

在「中斷傷害」這個階段，酒癮患者在完全隔絕酒精的初期，會出現生理或心理上的酒精戒斷狀況，諸如焦慮、失眠、癲癇、顫抖……甚至思覺失調，對此，蘆葦營仰賴鄰近的醫療服務，特別是精神科中的成癮專科，請醫師開立憂鬱症、鎮靜安眠類藥物，以及維生素B。其實，前來戒治的酒癮患者也通常伴隨長期的慢性病，只是隱藏在更外顯，更急迫的酒癮症狀之下，不被發現，因此康復中心和肝膽腸胃科的合作也很密切，成員在過程中進食太快或太慢，胃口太好或太壞，中心的護理人員都會特別注意。至於外科，就更不用說了，在戒斷期間，若精神不濟頭暈腦眩，隨時跌個頭破血流也大有可能。蘆葦營的理念很清楚，這些種種醫療介入需求，皆非中心的任務與專責，必須能和外界醫療資源合作，這也是為什麼營區的選擇必須鄰近設有精神科、內科、外科的醫療院所。

蘆葦營中的收治人數，正常為三到五人，最高紀錄則到十人。收治酒癮患者多出於個人意願前來，中心亦不鼓勵家屬強迫患者前來。收治的患者組成中，大約一半為「康復中」的成癮者，另外一半則是新加入的患者，而有戒治經驗的成癮者在團體中，對新成員以及整體治療效果，能起非常大的幫助，不管是在疾病認識，抑或康復經驗分享上，都能為新成員點亮一盞希望的燈。

戒治的標準療程為二十八天，通常在上午由輔導員為成員進行醫療衛教課程，中午過後，便為成員的自由活動時間，而晚餐過後，便會進行「模擬ＡＡ」的流程，之所以稱為「模擬」，是因為正常ＡＡ團體中，帶領者皆為成癮患者，而林女士自己和其他輔導員並不是，所以說是模擬。

在第一週、第二週，患者通常正從嚴重的戒斷症狀中逐漸清醒康復，行動力和活力尚不足；但到了第三週、第四週，輔導員便會鼓勵成員自由活動，出外踏查。蘆葦營除了告誡患者周遭環境危險區域的界限，從未限制患者自由活動，這和我當初幻想被禁錮，與外界強制隔離的狀況大相逕庭。

林女士解釋：「我們是戒治中心，並不是監牢，也不願患者與現實世界完全脫節。也有患者出去之後馬上喝酒，回來我們都知道，這不是壞事，如果患者願意承認，並開誠布公的談論，反而對未來的康復之路有巨大幫助。因為二十八天過後，這些都是他們要面對的挑戰。」

也是因為將酒癮視為疾病的核心理念，讓康復中心對癮症與復飲的處理態度趨向客觀冷靜，能使患者除卻羞恥感，無需掩飾，更有助解決問題。

想成為這樣的人

「收治到十人的那次黃金紀錄，我記得是在某年的中秋節過後……不知道是不是因為中秋節是聚餐喝酒高峰的關係，那次我煮菜煮得手軟。」Lydia 露出淺淺的酒窩，調皮地對我笑著說。

「妳還煮菜？」我感到驚愕，看著眼前 Lydia 專業知性的形象，想像不到她除了戒治流程外，還得負責烹煮中心內的伙食。

蘆葦營是非營利服務機構，收入主要靠入住患者繳費，以及外界捐款，專職服務人力單薄，除了 Lydia 之外，僅有一位全職輔導員、一位工友，原本還有一位專事烹調的原住民媽媽，但 Lydia 笑稱「煮的菜大家吃不慣」，故將對方辭退，自己來煮。

我在猜想，是因為收入拮据的關係，Lydia 因此必須負起煮菜的職責。她笑著說自己「因此變得愈來愈會煮菜」，我認為是一種轉念的豁達。

在採訪之前，我曾在網路上瀏覽蘆葦營的衛教宣導，當中有一隻長達六十分鐘的影片，是 Lydia 和一位康復中的成癮患者對談，因 Lydia 對癮症的了解，和她對患者展現出的同理心，我一度以為她亦曾是酒癮患者。

「不，我不是，而且我害怕喝酒。」她斬釘截鐵地說，「酒的味道我實在受不了，連喝兩口啤酒，我也覺得好苦，實在不能理解為什麼有人喜歡。」

影片中展現的，是她對這個疾病多年來的了解與積累。但不是酒癮患者，仍然讓她在幫助戒癮者的路上感到局限。「因為我不是從那幽暗的黑洞中爬出來的人，無法告訴其他酒癮患者如何爬出來，及看見外面那希望之光的感覺。」

我在腦海裡默默想像與描繪那場景，她花時間和患者們一起蹲伏在黑暗處，操著微微新加坡腔調的國語，一邊輕鬆笑談，一邊拿著鏟子煮大鍋菜的樣子……鼻子，開始微酸。在過去我酒癮發作，出現失眠震顫的症狀時，我曾盼望有人這樣陪著我，理解我，等待我，彷彿一切只是一場感冒，我只要喝碗雞湯就會好，沒什麼大不了。

我也想成為 Lydia 這樣的人。

蘆葦營戒治中心內雖然僅針對第一階段「中斷傷害期」提供服務，但也在二十八天療程中，為參與者進行「後遺症穩定期」與「日常保養期」的心理建設。

第二階段「後遺症穩定期」，有點像是主震穩定之後的餘震期，泛指戒斷療程結束後，出院面對正常環境時，患者開始產生種種不適應的階段。此時脫離了中心內的保護，有些患者會開始出現焦慮、憂鬱、強制性反覆行動，甚至浮現慢性病（糖尿病、骨質疏鬆）的各種症狀。這些震盪也可能來自家屬的壓力，有些患者就算不再喝酒，仍然處處被懷疑，而清醒出院後的生活，除了沒有酒精，其餘皆無改變……如此的失落與挫折感，造成患者情緒起伏，甚而癮症復發。蘆葦營於是必須在患者離開中心之前，給予患者和家屬適當的心理準備，現在的狀況僅僅是「酒精戒斷成功」，距離正常生活，還有冗長的路要走。

至於如何走上康復之路，便是第三階段「日常保養期」的功課，也鼓勵患者參加酒癮者康復支持團體，以「癮症思考」，亦即站在成癮為慢性疾病，可醫不可癒、病程有階段、病程可預料的思考模式，輔以同伴互助和提醒之力，才能學習如何與疾病安全共處，在沒有飲酒的生活下也能得到放鬆。

是不是出院就可以確定康復？

「常有家屬問我，是不是出院了就可以確定康復了？」Lydia 說。

我早已經知道這一題的標準答案了，是參加ＡＡ時，其他成員教我的。

「我對他們說，等到他／她進墳墓那一天，都沒再喝一滴酒，就是康復了。」

一日酒鬼，終身酒鬼。

若我們對酒精成癮是基因上的缺陷，遠離酒精便是終身的課題，因此沒有「戒酒成功」的一天，這輩子餘生的每一日，我們都要小心處理復發與復飲的可能性。

「妳很有概念，的確，復發和復飲是不一樣的。復發是念頭，隨時都會有，天氣變冷變熱，心情變好變壞，生活太順利太坎坷，都會讓妳想喝，因為那是長久以來大腦尋求安慰的機制。但是如果透過ＡＡ聚會，走過十二步驟，妳便能清楚察覺並處理自己性格中的缺陷。雖然不是『性格』造成妳酒精成癮，但是『性格』很可能讓妳在癮症復發時復飲，這就是為什麼日常保養非常重要。」

這便是我在四百多天清醒的日子中，每天醒來想的第一件事：「真不知道今天，我會不會喝？」這樣的戒慎恐懼，對一般人來說可能是另一種精神壓力，對我而言卻像護身符，我知道，只要自己有這樣的念頭，今天就有足夠的機會不再復飲。

蘆葦營在中心內提供的是針對成癮患者的戒治服務，但在沒有收治病人的空窗期，林為慧女士也馬不停蹄地，前往臺灣各處醫療院所、成癮中心，為家屬團體提供訓練與輔導。

林女士提到，酒癮症對個人身體的傷害深遠，據WHO（World Health Organization，世界衛生組織）統計，因酒精引起的後遺症狀，可以多達兩百多種。但酒精的傷害不僅止於個人，對於家屬的身心狀況，也有深遠的影響，其層面與時限，甚至比患者本身更複雜，更長，也有許多患者已經清醒數年，家屬仍然處在戒慎恐懼的PTSD（Post-Traumatic Stress Disorder，創傷後壓力症候群）心態中，需要專人輔導。

她提出一個根本的原因，酒癮的病程通常是漸進式的惡化，是五年，甚至十年日積月累的傷害，等到家人下定決心與患者談論或處理此問題時，家屬可能已在筋疲力盡的絕境之中。若能勸患者自願入戒治中心，對家屬而言恍如絕處逢生，也因此自然會過分關注患者出院後的行為，甚至患得患失。因為曾經痛切失去的，如今重獲，實在無法忍受再度遺落。有家屬說：「看他回來後平靜一段日子，又再度復飲，反反覆覆，給我的心理打擊比之前更大，甚至覺得他就如從前一般爛醉還比較好，別給我希望了。」

因此在家屬團體中，林女士十分強調建立正確觀念：

1. 家屬本身建立病識感，認識酒癮症。
2. 學習跳脫情緒，以疾病觀面對酒癮症。
3. 學習正確的介入，放手讓酒癮者自行面對後果，才能有尋求治療的動力。

而放手這塊，往往是家屬最難做到的，尤其是華人社會的教育，個體獨立界限模糊，家屬之間互依關係過分緊密，容易被情緒綁架。例如母親，為了孩子什麼都願意做，好像不離不棄，犧牲與奉獻才是唯一偉大的母愛，最後造成一種無「線」的愛，不僅影響自我身心，也讓成癮者有機會用「我喝酒」或「我不喝酒」來操縱、恐嚇家人。

「曾經有一個媽媽，帶著女兒來家屬團體聚會，對著大家說，我女兒好乖，她爸爸藏的酒，她都能把它找出來。我當下聽了心好痛，小孩成長的過程中，應當是找餅乾出來吃掉，怎麼能鼓勵她找爸爸藏的酒呢？」

Lydia 對我說的時候，我想起先生第一次參加完家屬團體，我拿了他的家屬手冊來看。裡頭也有針對家屬的十二步驟檢討，與酒癮患者的十二步驟相同。但最後的附錄「放手之愛」以及「不該做的事」，則把我徹底嚇醒。

當時我以為家屬團體是去學習如何更周到，更無微不至的照顧酒鬼，應付我們微妙的情緒轉變，讓我們不致再尋求酒精的慰藉。結果恰巧相反，家屬團體在教導他們過自己的生活，別再將重心放在照顧酒鬼身上。

「放手之愛」中有一條「我無法替對方面對後果」，而「不該做的事」也有

「停止藏酒」、「試圖讓酒癮患者免於承受喝酒的後果」——這些恰恰是我酗酒的日子中，先生不停地對我做的事。

他會把我的現金、信用卡，家中鑰匙藏起，不讓我出門買酒，也會將家中所有酒精藏匿一空。

他無數次在我喝掛、喝趴，無法上班時，為我掩飾，讓我能夠請病假。

每一次當我酒醒，哭著向他道歉，保證自己想要變好時，他總是抱著我，拍著我的肩說：「我知道妳很辛苦，無論如何，我都會照顧妳的，不離不棄。」

而當我在最糟的狀態時，他從來沒有讓我一個人面對後果，總是搶先替我收拾殘局。不管是破碎的酒杯、髒穢不堪的床鋪、擔憂害怕的小孩，我都不用面對，讓他應付便行。

如此一來，自然而然地，下一次，我又再喝，因為我是酒鬼，而酒鬼總是精明地為自己和酒精獨處的每一次機會打算，無需承受後果的話，更棒，像是一場場無人識破的幽會。

原來，放手讓酒鬼自負責任，是家屬自救最艱難，也最有效的方法。

未來

蘆葦營在二〇二〇年，因為新冠疫情的衝擊，以及花蓮玉里原址房東欲收回房屋，必須暫停收治病人，另尋新址。然而，因為康復中心「體質特殊」的關係，常遭到鄰居的抗議，因此必須找獨棟、獨立的居所，又希望靠近醫療資源、公共交通方便，能讓成癮者自行前來，因此在諸多考量下，他們可能會搬離花蓮，往宜蘭和三芝一帶移動。

林女士目前正協同協會成員，準備未來籌募資金，尋求外界支援，以維護長遠營運的可持續性。協會成員目前約有三十來位，背景包含精神科醫生、家屬、社工，以及超過一半的康復中成癮者。除卻找尋新址，重新營運之外，林女士也希望在臺灣建立與美國、澳洲、紐西蘭相同的CPS（Certified Peer Specialist，經過訓練且與患者有相同經驗者）體制，也就是在醫院成癮科中，亦有CPS人士的介入，因比起從未經歷成癮或康復歷程的專業人士，Peer（同儕）帶來的是戰力、經驗分享與希望，且以過來人角度教導患者病識感，往往能事半功倍。林女士笑稱：「若這個任務達成，我便能退休了。」

我望著歷經三小時訪談，仍舊精力十足，談笑風生的她，相信蘆葦營的未來展望必能達成，但深切懷疑，林女士真的能退休嗎？畢竟她身上無窮的精力和奉獻的信念，恐怕會讓她繼續馬不停蹄地為酒癮患者及家屬服務，而這也是她生命的意義之一。

十二月二十六日，蘆葦營協會在臺北YMCA舉辦年度聚會，並啟動下一階段發展計畫，林女士邀請我參加，我一口答應，並視為自己年度最重要的活動，為二〇〇一年最後一週，畫下完美句點。

「Lydia 有幾個小孩？」訪談間，趁著服務生呈上蛋糕的空檔，我尋得一縷閒聊況味，詢問她私人生活。

「三個，我是單親媽媽，離婚的時候，我養大十歲、十四歲和十六歲的兒子，到現在他們都在美國工作，都是老小孩了。」

我沒想到她如此坦誠，更沒想到在龐大奉獻與事務壓力之下，她還能一手帶大三個男孩。

我想起獨自一人帶著大兒子和母親赴香港外派的生活[1]，面對巨大的工作與生活挑戰，以及婚姻危機，自己幾乎夜夜靠酒精入眠。原本在訪談開始時，我那因為「酒癮是一種疾病，非關個人意志問題」而寬宥自我的感覺，一下消失殆盡。

為什麼人家可以，而我不行呢？

當然，這樣的私人問題，不適合在第一次見面，也不適合在這次訪談中談論。我私心希望未來和她能有更多機會深談，但也同時想起ＡＡ聚會結尾念誦的《安寧經》：

1 編注：相關故事請見《做自己，還是坐職升機？：人人羨慕的工作金飯碗，永遠附贈難嚥的隔夜菜》，臺北：大是文化，二〇二一年。

上蒼，請賜我安寧的心境，接受我不能改變的事實，請賜我勇氣，改變我能改變的，並賜我智慧，識別其中的差異，按照祢的意思去做。再來，再來，再來。

或許，要親身走過十二步驟的反省，我才能得到真正的答案。

我想，或許未來我不僅能變成 Lydia 那樣的人，還能比她更棒，因為我是真正從那幽暗黑洞中爬出來的人，我想要告訴和我一樣的酒鬼們，只要後腳超過前腳一公分，就已向光亮往前了一步。

照看迷失羔羊的牧者：我和我的輔導員

Line 上的ＡＡ群組，整天都像在過年節般熱鬧。

早上會有小叮噹貼圖對你說「早安」，來自劉小姐；午間會有溪邊散步的照片，來自張小姐；下午到晚間，吳小姐大概會傳訊來抱怨有關男人和金錢的問題，這應該是她剛起床的時分；到了睡前，更是各式各樣的心靈文章、短語分享，大家互相祝禱，慶祝彼此又度過清醒的一天。

有時，Line 的通知聲密集地猶如鞭炮一般，我不得不將群組靜音，到了有時間打開時，群組右上角顯示訊息數的紅圈裡，已然是訊息數過量無法顯示的「……」符號。

我常常將打開這個群組的時分，當成自己一天奔波，過著像樣的正常人生，成功抵擋各種誘惑成功的犒賞，一條一條訊息細細地品嘗。在這裡，只有鼓勵，只有誠實，完全沒有現實生活中的「裝」。

不過，有件事讓我十分好奇，那就是當初接待我的呂小姐，為何甚少在群組出聲？她只有在每週三的早晨六點，才會發出一條訊息，裡頭有 ZOOM 會議室的號碼和密碼，告訴我們：「今晚ＡＡ線上聚。」

從自以為意志甚堅，信心滿滿，到跌個狗吃屎，從成癮科走出來之後，我決意履行對黃醫師的承諾，也報答對我諸多鼓勵的劉小姐，接受採訪並提供各種戒癮知識的 Lydia 蘆葦營副執行長——我要找到自己的輔導者，實踐康復的十二步驟。

帶著不確定，我點開呂小姐的頭像，一隻像當年我最愛的寵物——阿肥——一樣的瑪爾濟斯，傳了訊息給她，如同旱地上的子民向上天祈雨：「呂小姐您好，經過諸多試煉與思考，想正式實踐十二步驟，請問，您願意當我的輔導員嗎？」

我老覺得，獲得救贖不可能如此容易，否則該隱為何要獻上自己之子以示忠誠？在她還沒來得及回訊之前，我已經設想了一百種被拒絕的景況，並翻開AA聚會必讀的大書，開始預習十二步驟的試煉：

1. 我們承認自己無力控制酒精——我們的生活已變得無法管理。

（我的確，曾經有一陣子——甚至到現在也如此——讓酒精管理我的生活，上至幾點開喝，下至藏酒於何，如果奮鬥了一輩子的我，仍然無法掌握自己的人生，比起責怪自己，是不是責怪酒精更讓我輕鬆呢？）

2. 相信有一個大於自己的力量，可以回復我們的健全心智。

（什麼力量可以大於我自己，讓自己奮力奔向光明前程，讓自己踽開一切拖沓失控因素？我已經使出識得之無以後的各種智識，就是無法相信有這樣的力量存在。）

3. 決定把意志和生命交付給我們所知的上蒼。

（好吧，我不知道「上蒼」是什麼，我只知道自己一思考祂可能正在笑，而這點確實也是別人告訴我的。曾經我將生命交給祢，祢並不要取，教我怎能再將意志交給祢？那是我僅有的尊嚴。我泫然欲泣，眼淚有如陽光照在厚冰之上，浮現出的那頑抗的點滴水珠。）

4. 追尋一次自己的內在，並無畏地做道德盤點。

（盤點？因為職業需求，internal audit〔內部稽核〕跟 due diligence〔盡職調查〕我都非常熟稔，那是一種有著各式各樣的表格，非得一步一步來的步驟，以及非黑即白的歸納表。不這麼做，企業裡總有人不當得利，然後各種盡職盡責的員工仍然傻傻地做事，只是在資產負債表上出現赤字，最後總部生氣了，裁掉的是那些依靠這些職位養家餬口的員工，赤字變藍，但瘡疤仍在。

我盤點我的道德，除了好勝，爭強，一口應承下來自己擔不了的大石，佛家的五戒我只犯了兩戒。我不（主動）殺生，不偷竊，不惡語。

所以這樣，我就必須承受無邊際的拉扯與罪惡，當世人當歌之時，我必須「再來、再來、再來、再來」，向聖母祈求滌洗？）

5. 向上蒼、向自己、向所有人承認我們曾犯的錯。

（我錯了，對於你。讓你以為彼此相愛之後，我便能失去自我。縱使付出當時所擁有的一切，也無法換得你能感受到的幸福。那幸福對我是從天際開洞，傾瀉下來的金光，但對你只是日陽照射在汗毛上，反射出的偶發炫彩。）

（在那段之後接下來所有的錯誤只是順理成章，讓眾人習慣並引以為豪的酒精當作人生的潤滑劑，但它所提供的功能僅僅是麻醉。）

6. 全然做好準備讓上蒼祛除所有品格上的缺失

（不能再這樣耽溺於過去的瘡疤了，結痂的皮撕開時是有快感，但滲出的液體與淚液無差，一個曾被淚涕淹沒的人，如何能再忍耐如此的溺嗆感？我的上蒼，不論你是何形體，從何宗派，面向何方，請你去除我品格上的缺失，雖然現在並不理解那確切是什麼，也不是上完廁所沒沖水，也不是塗完奶油不清潔抹刀，那究竟是什麼，請您一併帶走，連同我對自己的認知，以及那麼一點點的尊嚴。）

7. 謙卑地尋求上蒼去除我們的缺點。

（已經將上半身緊貼於地表的我，五體投地，那麼，謙卑還能在哪裡呈現呢？如果揭發自己曾經走過的路、露出的醜態，只希冀著這麼一點能脫離酒精控制的力量，這樣的因循是謙卑，還是屈從？）

8. 表列曾被我們傷害過的所有人，並且願意彌補他們。

到了第八步驟，我已全然累倒。

（為什麼我要彌補他人？我這一生所付出的難道還不盡洪荒之力嗎，未能傾盡世界，起碼也有吃奶的力量吧！）

於是，我將第八到十二步驟，謄在日記本上，然後選了一隻最紅的紅筆，以前小學老師改考卷的那種利百代墨水紅筆，大大地將這些文字圈起，重複再重複。

這些是我的錯誤，未竟之事，沒能答對的題目。直到紙張被劃破，一併起了許多屑屑，我不耐地揮甩日記本，於是紅紅的紙絮滿天飛舞，像天上下著紅雨。

然而，步驟尚未完成。

9. 一旦有機會便直接予以補償我們傷害過的人，除非如此行為會傷害他們或他人。

10. 持續進行道德盤點，並且在覺察錯誤時立即承認。

11. 透過祈禱、靜心，提升我們有意識地與上蒼接觸，只祈求祂賜予我們了解祂旨意的智慧，以及付諸實現的能力。

12. 完成這些步驟，獲得心靈的覺醒後，我們會努力把這個訊息傳遞給其他酒癮者，並在日常貫徹這些原則。

……

……

就在我沮喪、無力、癱倒於床鋪之時，身邊的手機響起通知聲，是呂小姐的訊息：「郭小姐好，平安，我很榮幸能擔任妳的輔導員。」

承認自己的無能為力，才能開始努力

我的輔導員

我們相約在中山捷運站附近，某家位於地下室的咖啡廳。

走進店裡，我看見呂小姐坐在最靠裡頭的角落，桌上攤開的是她那本用航海圖案書皮裹著的AA大書。這本書，如AA的前輩所說，不管讀多少次，都能從中找到新的鼓舞、新的惕勵，因此AA成員們經常隨身攜帶，有空時便拿出來閱讀。

AA大書外皮是深藍色的，用壓印的方式刻著「戒酒無名會」五個字，如此隱諱的設計，是不是體諒成員不希望在外閱讀時引人側目的心情呢？呂小姐也是因為如此，才要使用書皮嗎？

呂小姐是個善於傾聽的人，待服務生遞上我的飲料之後，她只問了一句：「最近，怎麼樣？」之後半個小時，她始終維持微微前傾的姿勢，雙眼直視我，面帶和煦笑容，靜靜地聽我訴說前幾天的腦內風暴，在十二步驟當中的折返跑、來回掙扎，最後停滯於第八步驟。她唯一的動作只有規律地點頭，以及用小勺輕輕地攪拌著咖啡。

「郭小姐，妳從小到大一定一直是好學生吧？對自己的要求很高，不做到不罷休？」呂小姐等我終於停下、啜飲我的飲料時，才緩緩開口。

啊，主動預習跟先發制人的習慣，使我不自覺將緊繃的過去和盤托出。

「但是，步驟不是這麼做的。步驟不是習題，也不是測驗，每個人有自己的課題，節奏與速度，只有上蒼才能決定妳的進度。」

接著，換她向我訴說她和她的輔導員的故事。

呂小姐是非常固執與性急的人，十幾年前第一次和輔導員鄭先生會談時，也犯了和我一樣的錯誤，將十二步驟倒背如流，然後一見面就問人：「我要多久才能做完所有步驟？」

鄭先生笑笑地說，妳這樣問，我就不會開始協助妳做步驟，因為注定會失敗。呂小姐說他們每週相見一次，鄭先生總是讓她說話，讓她說最近對家人、丈夫、教會成員的各種不滿，最近的事都說完了，再追本溯源，一週一週地向過去講，像是一本逆向的連載小說，連續講了整整快半年。她之所以記得確切的時間，是因為某次要出門前，她發現自己該找出短袖短褲來穿，而整個衣櫥都該換季了。從嚴冬說到入夏，她終於無話可說。鄭先生從包包裡拿出一本空白日記本，要她寫下這半年來自己說過的一切。

「開什麼玩笑！我都說了半年，還要我寫下來？我哪記得？」

鄭先生笑著恭喜她，很好，所以妳已經債留過去。從現在開始，每次聚會，妳都要寫下「我現在是什麼樣的人」，然後交給我。

呂小姐就這樣開始了週記人生，她發現了一些小小的改變，自己開始很少提到別人、提到過去。她記錄著瑣碎的一切日常生活，在自己身上發生的小事、當時的感受，連遲交水電費讓她想大醉一場都寫進去。她開始不害怕寫出想喝酒的感覺、時刻，有時候「跌倒」了，她也會照實寫進去。

交作業給鄭先生時，她原本帶著「要罵就罵吧」的硬頸心態，但鄭先生總是看完，點點頭，說下週繼續。

先放下你自己

「然後呢？所以，我也要開始寫週記嗎？」我心急地問著，一邊盤算要去買哪種大小、尺寸、材質、空白還是橫線的記事本。或許該用活頁式，想到就寫一點。或許用 Word 打字，比較快呢？

呂小姐收起了笑容，毫無表情地盯著我說：「妳要先放下妳自己，相信上蒼的力量。」

在AA聚會中，我們總是不停地祈求「上蒼」賜予我們清醒的力量，更常討論「上蒼」的存在。正確來說，祂不是宗教，也不是神，而是一股比自己更大的力量，而對每個人來說，「上蒼」的意義都不同。我雖能隱約想像那是一股怎麼樣的存在，卻總是不能確定，難道就和莊子曰道無所不在，在螻蟻，在稊稗，在屎溺中一樣？而在我做出這麼多努力，向陌生人承認自己是酒鬼，嘗試各種戒治方式、心理諮商、戒癮訪談之後，為何我還不能確認上蒼的力量呢？為什麼當我檢視內心，總是有無數個過不去的坎，由罪惡與愧疚堆疊出來的各式稜峰？

「妳算哪根蔥，不原諒自己？郭小姐，妳還是太自大了。」呂小姐的話語愈來愈鋒利，「原諒是上蒼的決定，不是妳。」

愈是意志力堅強的人，愈難走向康復之路，因為這樣的人相信的是自己的力量，不肯承認自己的無能為力，不肯求助於自我之外的他力，不管是他人、聚會，還是上天。既然相信靠著自我意志力能戒癮，有一天也會受到意念的驅使而回到酒精的懷抱。也因為意志力通常餵養著自大與自卑，這樣的人在做自我檢討時，會感到無比的壓力與恐懼，彷彿吐實有毒。

就在此時，我感到全身失去力氣，癱坐在位子上，什麼話也說不出，頸椎再也支撐不住滿腦成結的思緒，低著頭，任著一滴滴眼淚落下，在原本淺藍色的牛仔褲上渲染出一圈一圈的靛藍。

呂小姐靜靜地陪著我。

等我吸完鼻涕，抬頭再和她對到眼時，不由自主地對她說出：「怎麼辦？」

神奇地是，講完這三個字，不僅她露出微笑，我霎時間也如一股電流通過全身，精神提振了起來。

因為，我終於正式地，心悅誠服地完成了第一步驟：**我們承認自己無力控制酒精——我們的生活已變得無法管理。**

之後的三個月，我們通常一週約一次見面，但因為當時正逢新冠疫情，時常是透過視訊。

呂小姐不像我的輔導員，至少我沒有被輔導的感覺，每次談話都是天南地北的暢聊，她不會限制我說過去的事，也不再譴責我「妳是哪根蔥？」，反而有的時候，她會從我的訴說中反省自我，說「其實我也有這樣的問題」。

每當約定時間將至，我會備好最舒適的降噪耳機，將大罐保溫瓶裝好熱茶，向門外的家人交代好「請勿打擾」後，便講到口乾舌燥，日落西沉。有時也有種幻覺，彷彿我也在輔導著呂小姐，但這樣的談話真美好，我從不曾對誰如此毫不掩飾，和盤托出自己的所有弱點，承認所有做錯的事、不對的念頭，以及錯待的人。這像是一種排毒的過程，而誠實讓我快樂，我學會輕鬆看待自己的不完美，甚至從自嘲中得到力量，不管我說什麼，呂小姐都會說：「我也是！我也有！」然後向彼此說出酒醉後最不堪的往事，再一起哈哈大笑。

「上次換季，我忙了半天，發現衣櫃裡的衣服全變成紅色了，媽的，是誰在那裡藏了一瓶沒喝完的紅酒？」

「有次我喝到連出門的力氣都沒有，也找不到自己的錢包，就拿起廚房的料理米酒對口便喝，喝到過癮再回去倒頭大睡。起床時，我先生一直說誰在煮燒酒雞？」

「我常常做完禮拜，滿口阿門阿門，其實心裡只想著怎麼用最快的速度跟大家道別，買瓶高粱回我的小窩痛飲，喝下第一口的時候，還真的誠心的阿門起來。」

「上次我自己關在家中喝酒，喝到一半，妹妹來找我送東西，我急忙搭電梯下樓，結果她見我劈頭就喊：『妳為什麼沒穿褲子？』」

笑著笑著，有時也會不小心哭出來。

「有次我喝到失聯，先生在出差，緊急聯絡我媽來家裡照顧我。我媽一見我，給了我狠狠一巴掌，然後我就流鼻血了。活到四十幾歲，第一次流鼻血，原來是比鼻涕還濃稠，還鹹的感覺。我小兒子很常流鼻血，我那時想，媽媽終於體會到你的驚慌了。」說到這裡，又嘗到那種鹹鹹的感覺，我一時間找不到面紙，才想到，隨著時日過去，我已經甚少在這樣的對談中流淚，所以才會萬事俱備，只欠面紙。

呂小姐說：「郭小姐，我覺得傷口的疤都脫落了，正在長出新的皮膚來。妳已經準備好可以從第八步驟往前進了。」

她這樣說著的時候，好似正在畢業典禮上為我撥穗，也好像目送我步上一條沒人能夠陪同的路，踏出充滿體諒與支持的溫室，面對社會上對於酒癮患者，直射而來的刺眼目光。

比起三個月前，我不一樣了，更能坦然面對錯失、檢討自我，向他人坦承過錯，並做出彌補。然而，會有這樣的轉變不是因為我更堅強、更勇敢、更充滿力量。

我僅有的，只有「誠實」和「接受自己的無能為力」。確切來說，我其實變成了一個更軟弱，更膽怯，更無力的人，但因為這樣的轉變，我能夠繼續往前走下去。

第五章

親愛的孩子，我要告訴你們一件事

聚會結束後，一位女士上前來對我說：「你剛剛把我最後一個喝酒的藉口也打消了。」我問她什麼意思，她說：「我心中有一個小角落一直藏著這樣的藉口：『假如我的孩子不幸發生什麼事，我就可以理直氣壯地喝得爛醉。』你讓我看到這根本不是理由。」突然間，我意識到自己或許已經找到方法，把這可怕的悲劇轉化成正面的力量，我真的有資格說：「你看，我都可以清醒地挺過來，還有誰不行？」那一刻，我明白這是紀念我兒子最好的方式。

——艾力克．克萊普頓（Eric Clapton，三度榮登搖滾名人堂的吉他手、酗酒者），《艾力克．克萊普頓自傳》（*CLAPTON: The Autobiography*）

「對不起，媽媽是酒鬼。」

五月的某個週末，我帶著先生和兩個小孩，來到南投的神仙谷遊樂區，和一群大約八成以上素昧平生的人，共度了一個週末。

除了來自臺北的我們，也有來自高雄、花蓮、臺中的家庭，每個家庭至少都有一到兩個小孩，甚至還有一對外國夫妻，帶著三個好動的金髮男孩，嬰兒車上還有一個未滿一歲的女娃兒。

雖然從未謀面，但我們相處融洽。早上起來，用過早餐，一夥人在小木屋旁手沖咖啡，小孩們則在溪畔結伴玩耍，晚餐時分則分工合作，有人負責起火，有人負責烤肉。眾人忙在一塊時，還有人貼心去換好了成袋的零錢，供應投幣式卡拉ＯＫ機的需求。

我們一首歌接著一首歌地唱過去，這像是普通的家庭露營集會，歡樂、紛亂、炭火味四散，伴隨著高亢的歌聲。

晚間九點一到，便有人上臺將卡拉ＯＫ的音樂關掉，臺上僅剩麥克風的聲音，準備開始這次聚會最主要的節目：戒酒心得分享。

這是一場全國性無名戒酒會聚會，我們帶著自己的家人參加。因為來自不同地方，所以大家從未謀面，但是有一種特質與氣味，讓我們一見如故，不需要多介紹或解釋，便能理解彼此——我們都是酒鬼。

酒鬼媽媽的每一天

距離我第一次參加AA聚會、停止喝酒，已屆兩年了。

這些日子以來，我盡量每週定時參加聚會，若騰不出時間，也會在線上Line群組分享我的心得。意外的是，自從參加AA的第一次開始，我便再也沒有喝酒的欲望。

有一次，我的小兒子問我：「媽媽？酒好喝嗎？」我看著他純稚的臉龐，明白這僅是單純的一句，如同「太陽公公下山後去哪了？」那般，想了解世界如何運作的童稚問話。

（他應當是時常數著我躲在房內一蹶不振時，床邊堆疊的啤酒鋁罐，懷疑著世界上竟然有比可爾必思更好喝的飲料？那他何時才能得以嘗之？）

回想過去，作為一個有酒癮的媽媽，我每天睜開眼睛第一件事，不是招呼我的孩子，而是打開藏在衣櫃中的那一瓶威士忌，毫無猶疑的喝下一口，於是我知道自己又可以從容的面對門外等待著我的一切。等待我的微笑、陪伴、餐食、作業……等，一切散發甜味，甜到有時幾乎逼人的幸福家庭生活。

我的心中承載的，除了無限的罪惡感，也有無限的恨意與渴望。當酒癮前來，我會恨自己的身分，亟欲擺脫人世間對我所有的情感冀求。那些情感如同水母展舞，一波波的向我游來，但那刺鬚鞭笞著我，提醒我，我是一個有罪之人。當癮頭愈重，恨意也愈深，我被想要衝破一切藩籬與束縛的渴望狂捲而去。

但這第一口麻醉劑所營造出來的幸福感受，只是暫時的。一開始，我可能還能維持一個鐘頭回房一次的頻率——喚醒孩子吃我早起準備的早餐，盯著他們完食後，回房一次，補充酒精；帶著酒意，陪伴他們上公車到校，微笑揮手，終至回家後，彷彿潛水的人閉氣到極限後上岸，我將酒精當作氧氣，必須再補充一次，才能繼續做其餘家事……漸漸地，我補充酒的間距愈來愈短，也愈來愈頻繁埋頭於衣櫃中，為著那罐威士忌。

家中闃靜無聲，每樣家具都在它該在的位置，只有我不清楚在這世界上，自己該站在哪裡。

於是，我動手做其他家事，來證明自己對這個幸福居家空間的貢獻。

我曾讀過某本書，裡頭寫到學理上有「高功能性酒癮患者」（High-functioning alcoholic）的專門稱謂，這些人傾向用完美無瑕的社會表現來證明自己有喝酒的權利，或是換取沉浮酒精的資格。我想，我應該就是屬於這樣高功能性的家庭主婦，因為在威士忌的陪伴下，一個早上我能把家裡掃得一乾二淨，媲美過年大掃除的潔淨等級。

我不一定要掃得如此徹底，但我需要這麼做，因為只有完成這樣的目標，我才能享受更無罪惡感的暢飲，「因為我值得」。

酒精這罐氧氣瓶，背在身上，很快就會變成氨氣瓶，讓我沉醉於迷離世界，將感官與自信同步放大。我自豪自己駕馭酒精的能力。酒精為我所用，帶給我白日的放縱與快樂，當別人都在辦公室中飽受拘束規範，我卻能自由自在地在沒有人的房子裡，進行所有我想做的生活小實驗。準備晚餐、洗衣服、將衣櫥換季……我一定做了很多很多事，最後通體舒暢、額頭滲汗，於是沖個澡，小睡一會。

才睡那麼一會，鬧鐘就響起。時間過得真快，孩子即將回家了，我趕緊起身掬把水照鏡，才發現鏡中人已經喝得糜糜卯卯，雙頰慘白，眼眶卻泛紅，看起來像隻小熊貓。身上散發著濃厚的酒臭，經年累月浸在當中的人自己聞不到，但是從外頭清新世界進來的人，一嗅到便會皺眉。那是股陳腐的、無望的、像煮沸的酸醋味，撲鼻而來，令人忍不住別開臉。

我雖然腦袋昏脹、行進緩慢，彷彿睜眼於深水池中泅水前進，仍然走到了校門。當我張開雙手擁抱走出校門的孩子，他們忍不住別開了頭，帶著無可奈何的隱忍表情，一左一右牽著我的手，隨著我歪斜地走回家。

一定是夕陽直射眼睛的關係，我看不太清楚前方的路。

一打開家門，孩子們與我都深吸了一口氣。家中凌亂不堪，尚未擰乾的拖把橫躺客廳，髒水流竄四處；剁切得亂七八糟的食材四散於廚房各處，成堆的衣物在沙發上堆疊如山。就在這時，我十分確信自己被惡整了，不知是誰趁空而入，破壞我一下午辛苦的成果。我並不擔心安全問題，反而比較煩惱一切家事要從頭再來。這時候，我的太陽穴不偏不倚地痛了起來，這闖空門的惡棍不僅擾亂我的生活，還將空氣變得混濁悶滯，簡直讓人難以呼吸，即將暈眩。我一定得快點做點什麼。

我衝進廚房，取出那瓶不知何時已被打開的紅酒，拔開軟木塞，對口便喝，猛灌三大口之後，胃部竄出一股暖熱舒適的感受，一路湧上心頭，我便安心了——沒事，酒精來了，有它陪我，我並不孤單。

孩子們識相地回房，打開作業，各自努力。我略帶歉疚，卻又覺得沒什麼好解釋道歉，這一切就算我做不好，也不會有第二個人來幫我做，所以誰有資格抱怨什麼呢？我打開 Uber Eat，重複這幾天的「再來一單」，三十分鐘後即將送達。

看著摩托車騎士徐徐前進的軌跡，而紅酒將盡……或許，我也應當「再來一瓶」。

走進樓下超市，冰冷慷慨的空調撲面而來，我稍微清醒了一下，記不得是否和孩子們交代我出門了，但，反正我待會就回去，反正我總是在家。

就算蒙住雙眼，我也能取最短的距離、最迅速的路線走到紅酒區前，對我而言，那就像回家的路那麼熟悉。貨架上，酒瓶滿滿站開一列，等待著我。新世界的，美國的，法國的，義大利的——只要購買就能擁有全世界的友誼，多麼富足。

平常，我會假意拿起瓶身，看看酒標，比較一下產地與年分，其實內心根本不在乎，就像滿手現金站在名牌店內勉強聽店員講解的購物狂，不怕鈔票散盡，怕買不到那個包。那日我喝得不少，因此省去了這個鑑賞的步驟，用更直接的方式判斷該買哪瓶：哪瓶是旋蓋的我就買——軟木塞太費事，以我現在的眼力與手力，怕又把軟木塞的一半留在瓶頸內，不上不下，難道要砸破瓶子來喝？

愈想得到的東西愈是困難重重，連瓶廉價的紅酒我都該死的搆不著。這麼輕賤可得的商品，不就應該放在最下層嗎？我踮起腳，以幾近芭蕾舞者的足姿，伸長了手去摳瓶子的底座，想讓它離開貨架，我再輕巧的接住它，就像小時候玩反射動作的接尺遊戲一樣。

來吧，下來吧，相信我，我會接住你的……

酒鬼果然不值得相信，我辜負了三九九紅酒對我的傾身以對，完全錯過它的落點。它砸向地面，完全地粉碎了。這是一場完全失敗的比賽。紅酒區潔白的地板上散落碎玻璃、粉紅色的液體、難聞的醋酸單寧味，穿著賣場紅色背心的服務人員火速往我狂奔，手上拿著對講機大聲呼叫，恐怕是在報警了吧。

想不到，他對著我鞠躬：「小姐，不好意思，有沒有怎樣？小心不要踩到玻璃！」對講機 Call 來的是清潔阿姨，他千交代萬交代：「趕快拖乾淨，不要讓顧客踩到。」

哇，在這個顧客至上的年代，連酒鬼都備受尊崇。

備受尊崇的酒鬼，在一團混亂中，拿走另一瓶目所及之處的勃根地紅酒，經過櫃檯，再取一包 Airwaves 口香糖，穿過結帳區，無人知曉目送，輕巧的離開了。

進了家門，尚未抵達終點，我將食物放置客廳，喚孩子出來吃這個月第十五次的八方雲集——「玉貼漿」，玉米鍋貼加無糖豆漿，營養均衡，兼具動物與植物性蛋白——再躲到廚房，急切找出抽屜裡的紅酒開罐器，將螺旋尖處對準軟木塞中央，像用吸管戳開手搖飲蓋的技巧，第一下一定要狠準刺入，讓尖勾處深入木質，左右輕搖，確認勾穩後，左手扶穩瓶身，右手一下、兩下、三下往下旋入。這三下旋轉要重，要穩，力不能偏，否則就會發生孅美斷根的慘劇。我一邊提醒自己要訣，一邊想起「阿部定」[2]，莫名地格格笑了起來，這萬萬不該，我不想岔了力搞砸一切。

---

2 阿部定：阿部定為日本東京一名料理店的店員，於一九三六年在一間茶室絞殺其戀人吉田並割下他的生殖器，此案震驚世人，並被導演大島渚改編為電影《感官世界》（一九七六）。

頭三下順利鑽定，「頭過身就過」，接下來只要順勢旋到底，再將把手卡住瓶口，利用槓桿原理，輕巧使力，就像用開罐器打開啤酒瓶蓋那麼簡單，軟木塞被提出僅剩四分之一處於頸內時，便可用手拔開，享受那屬於中音E的一聲「啵」。紅酒的開瓶聲不如香檳爆耳嘈雜，不如啤酒薄脆輕佻，而是特有的低調沉穩，如同賓士車門闔上時絕對、乾淨、大度的氣閉聲。

（常在成功拔出軟木塞時，我會有一點理解品酒人士為什麼要嗅聞一下它，再拿出醒酒瓶和水晶杯，搖晃輕漱，讓口內各處味蕾與黏膜與紅酒融合，喚醒千百種感官味覺，這僅屬於紅酒的優雅，得來不易，更該細緻品嘗。）

我將軟木塞拋進垃圾桶，嘴對瓶口便大吞兩口。單寧味還是重，於是我撕開包裝袋，將口香糖拋進嘴內，大嚼特嚼，用嗆涼薄荷味蓋過一切。

肚子暖暖的。啊，我終於又「回家」了。

半夜，我自迷霧中醒來，頭殼中彷彿裝著鉛塊，間雜著不知名無重力的流體，在我腦中飄來盪去。腦內的脹塞壓力使我無法思考，勉強撐開眼皮，看見的東西雖透過視網膜與我的腦部神經連結，卻無法解譯成任何有意義的符號。我口渴難當，匍匐往桌邊探去，扶著桌沿半支起身，看見一杯剩下一半的豆漿。如同見到救命瓊漿，我張口便吞，豆漿特有的稠滯感在我的喉部卡了一層膜，不上不下，我感到像被掐住喉頭一般難受，一陣胃部湧來的反作用力推波助瀾，已成食糜的晚餐傾巢而出，混著紅色酒液，噴灑攤落眼前一地。我弓著身如一隻絕望的蝦子，一嘔再嘔，將眼前的地面布置成酸臭的血塘，仍不停止，直到除了綠色濃稠的膽汁，我的身體再也不能給予這個世界什麼。

體內被掏空後，我的腦袋反而清醒過來，開始向外界尋求資訊。「現在幾點？」、「我在哪裡？」、「家裡有誰？」……一直到最關鍵而實際的問題，一個作為母親最親緣正確的問題：「孩子們呢？」

這個疑問如閃電擊中我的頭顱，除了感覺到頸背後的毛髮豎立，心也一陣下沉。我終於能以靈長類該有的姿勢前進，無論是否昂首穩進，起碼非四肢匍匐，打開孩子們房門，他們正熟睡，門外的紛沓雜亂未得知曉，這位滿身酒氣的母親的悔恨也與他們無關，正因無知與無關，他們的世界此刻是靜謐安詳的。

我不欲吵醒他們，卻又憤恨於他們的世界沒有我，才能如此安靜的睡去，留待我，與這個有著我的世界，清醒地與該死的自己共處。

我能感覺心頭的空洞，下沉，孤寂感如同一隻野獸攫獲了我，啃噬著我的理智。全世界都拋棄了我，我和幾乎灑滿整間客廳的狼藉穢物一樣不被歡迎，不被喜愛，不被理解。夜的死靜，伴隨我的無眠，將我拖往無盡深淵。

眼看時鐘，此刻是凌晨三點鐘，費茲傑羅所謂「靈魂最黑暗的時刻」。我不怕黑暗，但害怕黑暗中的孤獨，害怕和自己獨處，於是再度拉近我最好的朋友，酒精。我到衣櫥裡找出那瓶威士忌，迫不及待的對吻，酒液入喉後，鬼魂上身，一掃空虛、寂寥、恐懼，夜晚風華正盛，我們——我、酒鬼、酒精——對飲成三人。

在再度倒下，跌入無邊黑域前，我拚盡最後一分氣力找出手機，將鬧鐘調至六點半，等幾小時後再度成功送孩子出門，我就又可以重複這盡興、熟悉又溫暖的一天，這屬於我自己的祕密，我的世界，我與從不背叛或讓我失望的封存酒誼。

這，就是我過去一年，日復一日，在無間地獄中復返輪迴的，酒鬼媽媽的每一天。

對不起，媽媽是酒鬼

晚會的現場，我從資深成員當中接過麥克風，原本應該誦唸無名戒酒會十二步驟，從「我們承認無能為力對付酒精，而我們的生活已變得不可收拾」開始，一路到「我們設法把這個音訊帶給酒癮患者，並在一切日常事務中，實踐這些原則」，卻臨時改弦易轍，換成自己的劇本。

「我要向我的家人，特別是兩個孩子道歉。」

我深吸一口氣，再吐出。

「對不起，媽媽是酒鬼。」

「酒鬼的意思是，沒有辦法控制酒癮，而反被酒癮控制。隨時隨地，它決定我什麼時候要喝，而一旦喝酒，我便無法停止。」

「這是一種疾病，醫學研究上發現，有可能是基因上的缺陷，我的體內缺乏分解酒精的酶，因而容易宿醉或依賴酒精。但媽媽本身的責任更大，是我過分相信自己的意志力，以為能夠控制一切，才會給予酒精機會。」

「你們未來也會碰到來自各式癮症的挑戰，不一定是酒精，可能是食物、香菸、對挫折的難以忍受、對成功的盲目追求。請想起現在的媽媽，只要保持清醒，勇敢面對，事情便不會比你想像中糟。」

我彎腰，深深地向臺下的兩個孩子鞠躬。

「做出讓你們擔心的事，我深深地向你們道歉。」

「媽媽會永遠記得，我是酒鬼，祈求上天給我力量，保持清醒。」

臺下響起如雷的掌聲，我在其他酒鬼盟友的眼中看見了理解與鼓勵，但越過這些，我看見孩子們清澈而堅定的眼神，他們能理解我說的每一個字，而他們仍然選擇相信我。

因為這份相信，我得以擁有承認自己無能為力的勇氣，接受自己是個酒鬼的事實，並每一天與這份欲望周旋纏戰，保持清醒，先攻克二十四小時，再一個月，再一年，再十年……一直到這輩子闔上雙眼的那一天。

放手是一種愛

之前曾採訪過的 Lydia，在耶誕節前捎來問候。

「Elsa，蘆葦營將在耶誕節當天，舉辦一年一度的會員大會，我也想邀請妳和先生上來發表演說。不會很長，一個人大概五分鐘就可以。」

雖然 Lydia 的為人讓我放心，這件事情的初衷也值得付出，但向熟悉的親人或成員道歉，和向素未謀面的陌生人坦承自己的酒癮歷程，心理壓力是迥然不同的。屆時臺下的會員除了酒癮患者，也有患者的家人，而適逢疫情，將會採取半視訊、半實體的方式。倘若網路上的影像流傳出去，豈不是大家都知道我是個酒鬼？

這樣反覆思索、掙扎的心理時間雖然感覺有一個月那麼久，但其實只花了我一個上午，便回信一口應允。信寄出去之後，才發現忘記問先生，他願不願意陪我去，甚至以酒癮患者家人的身分發表演說？他一直是義無反顧站在我身邊的，有時擋在我身前，有時支撐在我背後，但從來不會走開。但，如果要曝光，這件事情還是得諮詢他一下。

先生的回答，不出我所料。

「如果對妳有幫助，妳去，我就去。」

聚會的地點在臺北車站的ＹＭＣＡ，會議室不大，約能容納二十位現場成員，但攝影機、筆電及投影儀器已架設好。這時我很感謝 COVID-19，讓大家都能戴著口罩，即便如此，走進會議室時，Lydia 還是一眼認出我來，走過來向我握手，順道捏捏我的肩：「謝謝妳來參加，Elsa，這對我們意義重大。」

在我之前兩位成員的經驗闡述，都讓我汗顏，一位是已然清醒二十年的資深成員，在時任總經理之時，因業務及生活習慣關係，形成嚴重酒精依賴，曾經換肝，甚至瀕臨多重器官衰竭邊緣，自蘆葦營歸來，重新開始，二十年來滴酒不沾，並大力支持蘆葦營及無名戒酒會的各式活動。和他相比，我的清醒之路才剛剛開始，但看著他現在的坦然和對過去的一笑置之，我知道那並不容易，現在的一派輕鬆，得經過幾十年的耽溺、痛苦、絕望、幡然醒悟、還得走得出來，才能進一步自我剖析跟幫助他人。

雖然我的輔導員曾對我說，成癮的原因、戒酒的過程、康復的速度，每個人都不同，完全不可比較，而且一旦比較，就會失去自己的步調。「看著自己腳下，不是別人的腳印。」她常這麼說。但，此時另一位小姐的分享，讓我忘記輔導員所有的告誡，當場想轉身回家。她穿著隨意的帽T，破洞流蘇牛仔褲，頭髮是時髦的淺染，就像一般西門町街上的年輕人。她原本坐在接待處，讓我以為是成員的家屬之一，或許是某位資深成員的女兒，待輪到她的發言時，我才驚覺，原來她也是酒癮患者。

「我……還是很緊張。」抓著麥克風的手，不停地抖著，看著此時站在臺上的她，才發現她非常瘦弱。「我開始喝酒，是因為十年前，我的先生在一場突然的車禍意外中過世了。」

這個故事的開頭，已經將我震出宇宙之外，接下來的開展跟結尾，更是讓我懷疑自己到底有什麼作為酒癮患者的「資格」？如果說，這樣的疾病還需要「資格」的話。

她非常年輕就結婚生子，婚後在家做家庭主婦，先生開工廠跑業務，因為太過年輕，這段婚姻其實家人大多不看好，父母也反對，所以婚後變得較少和娘家來往，社交圈也比較封閉，但還好夫婦感情和諧，對她來說這樣的生活是幸福的。

丈夫車禍驟逝，她沒有讓娘家人知道，辦完喪禮後，氣力耗盡，於是將幼小的女兒託給好友，自己在家靜一靜。「我從來不喝酒，也沒有抽菸的習慣，但就在那時候，看見先生櫥櫃裡的威士忌，還有他的菸盒，我想再聞聞他的味道，就倒了一杯酒，點了一根菸。菸還好，我被嗆到了；但酒喝下去，我突然覺得好舒服，原來自己可以這麼舒服，這麼放鬆，原來我可以不用這麼辛苦，到那時候，我才真正大哭起來。」

啊，和我一樣，習慣壓抑自己的感覺。

接下來的成癮故事我也能預測走向——喝到和外界失去聯絡，終於被家人發現。讓我真正佩服的是，家人送她進蘆葦營康復中心一次，她走出來，便完全轉變了，從一個柔弱的家庭主婦，轉身變成一家之主。

「我知道自己還有一個五歲的女兒要靠我養，不能倒下去。」她向家人借錢，在東區開了一家流行首飾店，近期租金便宜，負擔不大，她的選品也符合時尚，生意不錯，還同步做起網購，線上線下串流銷售。

她始終笑笑的，打扮得繽紛俏麗。與她擦身而過，只會覺得她是喧囂大街中，某個過著尋常生活的行路女子。

但過路人不知道，這樣的笑容，是用何等的勇氣與堅強堆疊出來的。

✍

輪到我先生的分享時刻，Lydia 先開了個場：「這位先生不是成員，今天非常特別，我們請到的家屬是先生，酒癮患者是太太。我們也知道社會上也有很多這樣的案例，因此希望男性家屬也能互相分享幫助。」

網路另一頭的視訊鏡頭們未開，我看不見那些人的表情，但從臺下與會者的反應可以判定，就算社會上有再多的案例，真正站出來支持太太的先生，少之又少。首先，女人不好好照顧家裡，還喝成酒鬼，多麼丟臉；男人出外打拚，回家還得照顧酒鬼老婆，這種事講出來就讓人洩氣，不用別人多講，肯定自己都覺得自己沒用吧。

先生雖然平日風趣健談，但不是個喜歡上臺發表演說的人，然而當時他一個箭步走上臺階，緊緊抓著麥克風，身體前傾，堅定發言的樣子，讓我以為他要競選議員。

「一想起我曾經差點失去我的太太，我就會承受不住。」

第一句話說完，先生竟然就哽咽了。我雖然準備好了面紙，但那是為我自己上臺時準備的，完全沒料到他竟比我還先需要，於是驚慌失措，雙手在包裡四處探索。

他滔滔不絕地說下去，豪邁地用袖口擦去涕淚。

他訴說著當我酒癮發作時，如何在身邊看著我痛苦，卻無力可施，充滿挫折感。曾經試圖幫我把酒藏起來，但我又會半夜偷溜出去買酒，也曾想過把鑰匙跟錢都藏起來，又怕我在外面發生意外。後來妥協了，幫我買酒，讓我喝到睡了又醒，醒了又吐，幫我擦拭嘔吐物，餵我喝果汁補充維生素，又看著我全部吐出來。當這段黑暗時刻來臨，他得時刻守護著我，睡在客廳——因為我不讓他進房間——再累，也得每分每秒保持警醒。

而有一次，折磨了幾天幾夜之後，他終於不支，將我反鎖在臥室，自己在客廳裡睡得不醒人事。醒來後，他開門進房探視我，嚇出一身冷汗——我的身邊不知怎麼著，竟然又多了幾個酒瓶，明明他將我反鎖了，臥室的房門是打不開的，我不可能出門拿酒。

後來他才知道，原來前一個晚上，我如電影裡的江湖大盜，趁他沉沉入睡時從臥室的陽臺爬出去，踏著水管，從客廳陽臺再進了房子，找到家中藏酒之後，再循原徑回去。

當時我們住在十四樓。

「如果她踏空了，那，我就會完全的失去她。」一眼淚又止不住地流下。除了大女兒難產，以及我急性肝炎住院，這是我人生中第三次看他因我流淚。

「我很感謝無名戒酒會的家屬聚會，讓我學到放手的藝術。放手也是一種愛。

雖然我很想照顧她每一分每一秒，但這件事情終究要靠她自己走出來。也感謝蘆葦營給我這個機會分享，作為家屬，我們只能支持，和他們一起正視這個『疾病』，無法介入。當然，我們要建立自己的安全範圍，先照顧好自己，同時間也要有正確的疾病認知及處置方法。」

的確，每次我去成癮科就診，他都陪同，問的問題甚至比我還多。

此時，有成員舉手了：「這位先生，你這樣支持太太，不會感到疲累或想放棄嗎？」

我先生回答：「看著她一次次走出來，我知道最辛苦的是她，和她比起來，我一點也不能算疲累，我絕對不會放棄。」他轉身握住我的手，而我的面紙全給了他之後，自己也跟著眼淚、鼻涕糊滿面，視線不清。

「因為，我不希望她放棄。」

我想起自己每次跌入深淵，和外界失聯，都是他在和家中報平安。我的母親向他道歉，說女兒造成他這麼多困擾，請他多擔待，他只回了四個字：「不離不棄。」最後，他還是用一貫的幽默和樂觀，將全場的涕淚轉為笑聲：「不過從那次之後，我們每次搬家，我都選三樓以下的樓層。」

這是真的，某次搬家，他決定要租一樓時，我狐疑地問，一樓不是蟲多嗎？他回我：「有個小庭院多好。」一直到此刻，我才恍然大悟。

對酒癮者的親人而言，放手的確是愛，也是實行起來最艱難的愛。

戒酒，正視酒癮問題，如果不是當事人有意願和決心，家人是無法強迫，也無能為力的。也因此，許多酒癮者的家人也身陷酒癮問題的漩渦，生活受到巨大的牽制和影響。

雖說未必每位酒癮者的家人都支持，但康復是患者自身的責任，家人需要艱難地學會放手，否則，成癮者不僅無法有正確的保養概念，家人的身心健康也會被拖入深淵。

家人只能陪伴，守候，等待酒癮者有清醒決心的那天。

變成更好的人

每週的成員聚會，已經成為我生活中不可或缺的精神支柱。

因為疫情的關係，當時有線上ＡＡ聚會可以參加，只要透過 Line 群組通話，每天晚上六點半都能和成員一起誦讀ＡＡ原則、十二步驟，聽大家分享，需要的話，自己也能說上幾句話。

會中，不僅成員，也包含我的輔導員，大家經常說的一句話是：「酒鬼的道歉，用說的無效。」多少人在這條康復之路上，跌倒了又站起來，每次站起來，除了向身邊的人道歉，自己也背負著無窮的罪惡感。像我們這樣體質與病況的人，與酒精對抗，就像和全世界打仗一樣，若沒有成員的陪伴，在孤軍奮戰之下，肯定很快就束手就擒。

十二步驟中的第八和第九步驟——表列曾被我們傷害過的所有人，並且願意彌補他們；一旦有機會便直接予以補償我們傷害過的人，除非如此行為會傷害他們或他人。這是最急不得的，也是最容易取巧的步驟。為什麼？因為一聲道歉談何容易，但道歉的對象，他們有他們生活的步調，不見得想要攪和入你已經糊成一團的人生。

我的輔導員曾告訴我，當她進行到第八步驟時，突然心中一陣愧意難當，馬上致電給國外的一個長輩表達多年來的歉意，「直接予以補償」，結果對方一接起電話：「是你？又怎麼了嗎？」她這才想起，自己的白天是對方的半夜，這通電話肯定把老人家嚇得失魂落魄，不明所以。她告訴我：「沒有準備好的道歉，那道歉仍然是自私的。」

我也曾經問她，那怎樣的道歉或補償，才算是準備好的呢？

從她的微笑當中，我得到每次都會得到的答案：「每個人的步調和方式不一樣，聽從你的內心，聽從你的上蒼，做出自己的選擇。」

所以我決定，用行動表示我的歉意。

我固定就診與服藥。藥物讓我食欲不振，體重急驟下滑，為了不讓家人擔心，我額外補充營養品，維生素，維持固定的運動強度和重量訓練。

如果有餘裕，每天我都會參與ＡＡ的通話群組，固定參加聚會。只要花一個小時的時間，可以提供我再二十四小時的力量，堅實而穩定地踏在康復之路上。

我和小孩公開討論酒精的問題，當小孩提起「媽媽以前喝醉曾經如何如何」，我會和他們道歉，有時候還一起取笑酒醉後滑稽的行為。當他們說：「真不明白酒那麼臭，大人為什麼還要喝酒。」我會附和，然後告訴他們，這是個人的選擇，就像你喜歡小黃瓜，但有人很怕小黃瓜的草腥味一樣。當然，任何事情過量都是不好的，小黃瓜也是喔。

我和親密的朋友，彼時正就讀的文學所上的同學、老師，開放地談論自己的飲酒問題。我願意和這些人談論，前提是他們不因我揭露事實而感到侷促不安，並能把酒癮患者的身分當作我的一部分。這和關係親密度無關，就算再相熟的老友或再不相熟的同事，若因為不曾接觸這樣的議題，或是我無適當機會好好解釋，突然對他們無端說出「我是酒癮患者」的事實，不但對自己沒有助益，也會造成對方困擾，使人措手不及，不知如何回應。

事實上，能公開與我討論酒癮問題，甚或拿我不能喝酒這件事情打趣的人，我是感激他們的，他們讓我「輕放」——這不過是，每個人人生裡都會有的一件遺憾。

有時候文學所上聚會，老師和同學會說：「真想跟艾珊痛快喝上一杯。」我就會接上：「那我會讓大家都沒法回家了，我這潘朵拉的盒子可真的蓋不上。」大家會心一笑，於是他們喝酒，我喝茶，一樣是愉快的夜晚。

這就是為什麼我想寫這本書的原因吧，我想讓大家對酒癮有所認識，知道它是如何形成的，它是種疾病，還有身為酒癮患者，所要面對的巨大挑戰，而踏上的崎嶇顛簸，是終身之路。這樣，你就不會覺得坐在對面的我，像披著面具的痲瘋病人，隨時會癱在地上口吐白沫；或者我在一杯又一杯的追逐酒精之時，展露的是何等放縱愉悅，不知節制且心甘情願的貪婪。

表象是欺瞞的，事實只有自己知道，但就算將事實展露於世，「酒癮患者」就是「酒癮患者」，稱呼不重要，重要的是我如何克服，如何走出來，要求自己改變人生。

正因為我是酒癮患者，想要擁有一般人的正常人生，在康復這條路上，一步路都不能踏錯，一個人都不錯待，每天都要促使自己有新的轉變，內心的進步。

唯有精神上的覺醒與進步，才能確保我遠離酒精的控制；只有絕對的誠實，對自己酒癮患者身分的真實無欺與無私揭露，我才有被救贖的可能；也唯有幫助自己再幫助別人，我才能變成更好的人。

第六章

清醒之後

凡是徹底跟隨我們的步伐去行的人，很少有失敗的。那些尚未康復的人，是因為他們不能或不願意把自己完全投入這個簡單的康復計畫。這些男人或女人的本質就是無法對自己誠實。確實有這類不幸的人，他們並沒有什麼過失，他們似乎一出世就注定如此。他們天生就是不能掌握或發展一種絕對誠實的生活方式。他們的機會比常人為少。也有些人，遭受到嚴重的情緒上和心智上的失調，但在這些人當中，有很多人確實得到康復，只要他們誠實無欺的話。

——戒酒無名會，《戒酒無名會》

成為別人的燈塔

我一直都明白自己是一個「高功能酗酒者」，這樣的「特殊能力」，有時候會使我擔心，倘若失去酒精，我還能維持如此精采的外顯人生嗎？如果不喝酒，我還

唯有酒鬼才能理解另一個酒鬼遭受的苦難、挑戰，以及每一點為了喝酒想要說謊的心機。

每週三晚上，我會排空一切事務，將自己安頓在書桌前，拿起AA大書，挑選今天想要唸誦分享的章節，等待聚會開始。通常大家不會準時到齊，常常開始Line群組通話時，只有我一人的頭像孤獨地在通話背景當中等待，隨著時間過去，一個又一個的帳號陸續加入，我才鬆一口氣。

不過，只有我一人的Line使用真名和真人頭像，其他人都是用寵物或花草的圖案，或許這才是匿名戒酒會的精神——經常保持匿名的精神，不建立在自我宣傳之上。

但對我來說，我沒有隱身的想法，公開讓大家知道我是酒癮患者的身分，是支持我穩定走在康復之路上的信念，也可說是執念。一個感冒看醫生的人，並不會責怪自己，一個過敏不能吃海鮮的人，並不會有羞恥感，而我，就是一個對酒精過敏，不能碰酒精，而且正在積極配合醫囑的病人，將酒精成癮視作疾病而非人格缺失，我才能勇敢走下去。病恥感對康復無濟於事，而且是內心最大的敵人。

「謝謝A小姐、劉小姐、柚子的加入，我們開始今天的聚會。在聚會開始之前，我們先花三分鐘的時間，沉澱自己，讓內心安靜下來。」這是我每次開會的開場白。

靜默之後，我會請當中自願的成員，為大家誦唸AA大書第五章〈怎樣促成人的康復〉，裡頭包含了康復所需的最初始條件——毫無保留地誠實面對自己，以及十二步驟。

接著，我會請大家分享最近生活上的心得。「這是個絕對安全的環境，成員也都互相支持與理解，請大家放心分享，在個人分享的過程中，我們只談論自己，不評論他人。」這時候，通常會有好幾分鐘的沉默。

主持過幾次會議，我開始發現，那些經常參加聚會，次次都在的成員，通常都願意首先發言，而一旦發言，就不可遏抑，滔滔不絕。因為這個環境的氛圍給予的信賴與安全感，讓她們能將生活中無法適度抒發，無人可訴的壓力、省思、喜怒哀樂，轉換成語言。這些成員，也都相較之下穩定，經常參與聚會，在康復之路上互相給予幫助。

當然，也有幾個成員，僅僅參加一次便消失不見。對於這樣曾經出現，卻又消失不見的頭像，剛開始我覺得遺憾，後來便釋懷了。上蒼一直在這，酒鬼們也一直在這，只要我們在這等待，其他正在深受酒癮之苦的人，就有踏上康復之路的機會。

有的參與者是家屬，為了成癮的親人蒐集各種資訊，先行探聽匿名戒酒會的流程。這樣的家屬，通常我們會非常歡迎，大家會分享各式、各地匿名戒酒會開會的資訊，但也誠實提醒，除非病人本身有參與的意願，否則家屬能做的，只有過好自己的生活。

主持者除了準時開啟會議室，耐心等待，還有一項必備技能，便是當沒有人想要分享的時候，主動分享自己的經歷或心得。

有一次，我分享了之前因為酒醉忘記接孩子的事件，當時滿懷愧疚，一身冷汗的情形，歷歷在目，最後說到終於找回孩子，緊緊將他們抱在懷中，發誓自己再也不喝了。說到這裡，我自己不禁失笑：「酒鬼的承諾就是用來打破的，當然沒過多久我又開喝，只是一定會設鬧鐘。」自我解嘲之下，不乏對自己的失望與怨悔。

想不到，電話那頭一個陌生的頭像突然發言：「謝謝郭小姐的分享，我是一個單親媽媽，今天第一次參加聚會。我的小孩才八個月大，到了晚上總是哭鬧。每天下班從保母那把她接回，到家的時候，我會買好一打啤酒，幫我度過這難熬的夜晚。好幾次，我也是自己喝到睡過去，醒來發現自己忘記幫小孩換尿布、餵奶。」

成員在發言停頓時發出啜泣，是大家都聽習慣了的，於是我們皆沉默，給予尊重。

「今天下班接到她，她還在車上就在哭鬧，我也買了一打啤酒在冰箱冰好了，幸好今天有打進來，參加這個線上聚會，也聽到郭小姐的分享。我能體會那種噁心和冷汗交織的感覺，比起喝酒短暫的快感，實在不值得，所以我現在正在把啤酒倒掉。」

成員們紛紛關掉靜音，發出掌聲。有一位活潑的成員說：「別浪費，不喝就好，可以拿來滷雞翅或刷馬桶！」大家笑了起來。

就是這樣的情境，為了一位素未謀面的母親，能夠讓她有一個晚上擁有勇氣與支持，遠離酒精，我所付出的根本不算什麼。

世人知不知曉我的身分，而知道了以後會用何種眼光看我，根本不重要。因為，在幫助別人的時候，我彷彿正一次又一次地扶起跌倒的自己，告訴她：「沒事的，妳又站起來了，這是疾病，我們一起克服。」

就像《麥田捕手》（*The Catcher in the Rye*）裡的霍爾頓：

我將來要當一名麥田裡的守望者。有那麼一群孩子在一大塊麥田裡玩。幾千幾萬的小孩子，附近沒有一個大人，我是說——除了我。我呢。就在那混帳的懸崖邊。我的職務就是在那守望。要是有哪個孩子往懸崖邊來，我就把他捉住——我是說孩子們都是在狂奔，也不知道自己是在往哪兒跑。我得從什麼地方出來，把他們捉住。我整天就幹這樣的事，我只想做個麥田裡的守望者。

我正抓住無數個往懸崖邊衝過去的小孩們，而這當中包括我自己。

每次聚會的結尾，會請某位成員誦唸戒酒無名會的十二個傳統：

1. 我們共同的福利應列第一；個人的康復全賴戒酒無名會的團結一致。
2. 為了我們團體的目的，我們只有一個主要的權威：一個有愛心的上蒼，而祂可以在我們的團體良心中表達祂自己。
3. 我們的領袖只是受委託的僕人，而不管治他人。
4. 每一組別應是自治的，足以影響到其他組別或整個戒酒無名會事務者為例外。

5. 每一組別只有一個主要目的：把它的訊息傳遞給那些仍在受苦的酒癮患者。

6. 任何戒酒無名會組別不應認可、資助或允許任何有關組織或外面的企業機構使用戒酒無名會的名字，以免因為金錢、物業及聲譽上的問題，將我們轉離了主要的目的。

7. 每一個戒酒無名會組別應自給自足，謝絕外界的捐獻。

8. 戒酒無名會應該永遠保持非專業性，但服務中心可以雇用專門的工作人員。

9. 戒酒無名會就其性質而言，不應該建立組織體系，但我們可以創立服務理事會或委員會，直接向所服務的對象負責。

10. 戒酒無名會對外界事務不做評論；因此不應該把戒酒無名會的名字捲入公開的爭論中。

11. 我們的公共關係政策是建基於吸引外人參加，而非建基於自我宣傳上；我們在報章、電臺和影視界方面，需要常常保持個人的匿名。

12. 匿名是我們所有傳統中的精神基礎，不斷提醒我們把原則置於個人操守之上。

在傾聽時，我時常對第三個傳統：「作為戒酒無名會成員的唯一要求，就是有停止喝酒的願望。」心生感激，如此直接又包容的資格條件，正說明了這個互助組織意欲幫助他人的真心實願。

但在第十一及第十二個傳統上，則使我內心頗為掙扎，如此看來，寫出自己的故事，如實地陳述走過酒癮，走上康復歷程的我，似乎與傳統有所扞格……

最後，我說服自己，我書寫的初衷並非自我宣傳，而我的真實姓名，某種程度也不代表什麼，我並非名人，只是千萬酒癮患者當中之一，因此匿名不匿名無關緊要。書裡所見所著，單單陳述我的個人經歷，並不把所有酒癮患者同質化、標籤化、單一化。因而，我認為自己並沒有違背傳統。

簡單來說，我希望誠實面對自己及眾人，並因為我的誠實，幫助更多的人，也幫助我自己——我所面臨的不是原罪，是終身要對抗的慢性疾病。如果糖尿病患、高血壓患者、花粉過敏者不需匿名，我又何需如此？

「上蒼，請賜我安寧的心境，接受我不能改變的事實；請賜我勇氣，改變我能改變的；並賜我智慧識別其中的差異，按照祢的意思去做，再來、再來、再來、有志者事竟成。」

我們齊聲唸完《安寧經》，互道晚安，結束線上聚會。

每週三晚上，我總睡得十分香甜。

成癮，不只是我自己的故事

在研究酒精成癮的過程中，我找了很多書籍、論文資料，也做了和醫生、成癮者、心理諮商師、康復中心經營者的訪談（以我自己為討論實例），意外發現許多和成癮有關的有趣故事，也打破一些固有迷思。

成癮不只是人類的專利，還有許多動物，會蓄意尋找有麻醉效果的植物，或發酵腐爛產生酒精的水果食用。例如貓科動物對於貓薄荷、馬尋找「瘋草」、山羊嗜吃咖啡豆……甚至有些人類學家主張，人類由游牧到農耕，文明的產生是因為人類定居，而種植穀物，不是為了食物，而是為了啤酒。

在人類精神科學演進的歷程中，一開始成癮被視為「自我選擇，臣服於化學物質之下」，雜以歷史和宗教上對成癮的撻伐與譴責，諸如成癮（Addiction）的拉丁字根是「被奴役」、「束縛」的意思；以及《聖經》把「酒鬼」描述成「愛酒的人」，而十七世紀重要的清教徒傳教士山謬・丹佛（Samuel Danforth）著名的傳道宣言「對無節制飲酒之人，上帝降下很多嚴厲的懲罰」，在在強調成癮者是有意的、主動的、過度喜愛的，因此選擇了使其成癮的麻醉物質，正因為這些定義，成癮者便是帶有原罪者。

但，成癮者真的有選擇嗎？真的喜愛這些物質嗎？

一直到近代，精神科學家們才釐清，成癮的基本現象，現代稱為「嚴重的物質使用障礙」，而所謂成癮，是強迫性的使用某種物質，或做出某種行為，即使這樣做會有持續的負面結果。

美國國家藥物濫用研究所（National Institute on Drug Abuse，ＮＩＤＡ）如此總結：「成癮的定義是一個慢性的、復發性的大腦疾病，其行為特徵是強迫性的尋找和使用藥物／某種物質，不顧有害的結果。」

在《成癮與大腦》（*Unbroken Brain by Maia Szalavitz*）一書中，暢銷神經科學家作者所下的定義是：「成癮是一種學習障礙，有三個關鍵的要素：一、行為有心理目的性；二、特定的學習神經通路使其自動化和強迫性；三、當行為已不符合，不適應所需時不會自己停止。」

總覽以上專業研究，我得以再次歸納，並在內心得到救贖：成癮是慢性病、大腦疾病、學習而來、強迫性而無法自我停止。

那麼，使我們成癮的物質，只有酒精、藥物和毒品嗎？

在松德醫院成癮科等待門診的時候，我常常覺得自己跟其他人不一樣。

那些渾身酒氣，話都說不清楚，東倒西歪，也不在意社會觀感的人，怎麼可能是我？但，我卻必須和他們共處一室，等待叫號，如同一群待宰的羔羊。

有時候，我會向公司請半天假，直接從家裡出發，穿著睡衣睡褲，蓬頭垢面，帶著眼鏡以及口罩，感覺非常自在，像是身處一群亟待救援的難民之中；但有時不幸，當天有要事，需要上班，於是我必須裝作正常人，穿著套裝、腳套高跟鞋，梳著張雅琴風格的髮型，端坐在候診區。這時我常常會感受到周身流動著一股防衛的氛圍，之前那種全然被接納的安全感不見了，似乎所有患者，連同診間外站著的保安和實習醫生們，都在用眼角打量著我，意欲探究我的身分。我只能努力安撫著自己雜亂的思緒，維持一點自身的平靜，默默忍受這股「妳不屬於我們」、「妳是記者嗎？」的排外氣氛。明明我和診間裡的每個人一樣深受其苦，卻倍感孤單。

當你已經覺得自己袒露無私，跌落谷底，卻仍然無法「一次性康復」時，彷彿看見自己人生一切努力得來的成就，都像打水漂，在水面上蹦躍個幾次，最後終得沉入海中。

當我逐漸穩定下來，走上康復之路，回到所謂「正常」社會，突然覺得自己如被開了天眼。看得出來許多被允許、被容忍，甚至被推崇的社會習慣與地位，它成長的速度與模型，竟然與酒精成癮如此相似。

對社交媒體的極度在意，網民們一言不合即開戰，各自拉攏叫囂。鍵盤族有的是餘命，戰一次不夠，要戰到天荒地老，憑著未曾經過證實與思考的隻字片語，抓對方語病，致人於死地——反正這只是個鍵盤遊戲。

對成就與名片的上癮，對滿足期待的上癮，對達標的上癮。工作上制約我們的種種，讓人眼前只有唯一目標，使得人生只有二元性：要不成功，要不失敗。過程不重要，付出不重要，一次一次的追逐而達到目標後，快樂僅能維持非常短暫的時間，短暫到連喘氣都來不及。

另外，一個裝什物的包，只要掛上兩個C，價值可以抵得上中產階級每天通勤購物，假日郊遊的一臺車。只要打開手機，購物優惠通知便不停地跳出，地震警災的速度都沒有那麼快，但Momo、蝦皮、所有二十四小時營業的購物網站，都會氣急敗壞的責怪你：「怎麼又錯過這個月買六千送六百的購物金了？」

除了社群媒體稱讚、金錢犒賞，名片頭銜、感情也令人上癮。這個世界上，就那麼幾種，稍稍能給予我們歡樂，帶來偏離現實的飄飄然快感的事物，一旦嘗到甜頭，我們是多麼不想放開這些苦海上的浮木。

簡單來說，能使人上癮的，就是能夠麻醉自我的事物。我們的大腦已然學習如何接近、利用這些事物，讓我們產生短暫的快樂，而在這過程中，大腦愈來愈聰明，懂得用更多、更有效率的方式追求並達到目標，甚至一次又一次的提升目標。

這些癮症，為我們帶來快樂與滿足，而我們透過這些事物自以為掌控了人生，其實正恰恰是將控制權拱手讓給外界。

控制無所不在。男女朋友如此，還有上司、父母、同儕對自己皆如此，只要還在乎別人眼光的一天，多多少少，我們就給了別人豢養、管制、圈放我們在籠子內的權力。

我們一邊唸著凡事皆有時，假裝自己不受世間任何束縛，是自我意志的主人，卻又一邊患著斯德哥爾摩症候群，對種種綁架我們的價值觀、金錢觀、人際觀俯首稱臣。

我們何時真正花時間考慮自己需要什麼，應該在什麼時候，做正確而不是應該做的事？

更犀利的問題是：我們到底是什麼，愛什麼？要什麼？這輩子，能夠不靠別人的評價過活嗎？

癮症的解脫，唯有回歸自我，將自己擺在第一位。當然，這是陳腔濫調，但不代表它不是真理。

我想起自己曾經汲汲營營於別人對我的評價，不管是社交媒體，還是公司的年度規劃，到最後，能讓我舉起酒杯，一灌再灌，不懂得自己究竟被何操控，該如何反擊的，都是外界加諸於我的衡量，不，更正確的是，我讓外界操縱我的壓力。

每當我想要跳脫酒精的控制，最有效的方法，也是最驚人的出路，竟然是做從小到大我最討厭的事情：洗衣服、曬衣服、吸地、擦地。那種一步一步將自己的手弄髒，再將周遭環境逐漸變得清新、如天堂一般的過程，對我而言如此陌生，但此時卻如此踏實穩定。

我是酒精癮症患者，同時也是社群認可、職場階級、外界評價的癮症患者。要戒除酒精，我已經找到了自己的方法，但要戒除其他的成癮依賴，仍有漫漫長路須走。所幸，十二步驟教導我的，是不停地尋求精神上的進步，每天都踏出新的一步，在各方面都變得更謙虛、低下、樂意助人、認清自我。只要循著這樣的路徑，我相信自己能一步一步，走上康復之路，走出自由自在的人生。

你能承受生命真實的苦痛嗎

停酒穩定後，我慢慢過上清醒的，與酒精無緣的生活，一段時間過去，甚至記不起渴求酒精是什麼樣的感覺，酗酒、上癮、掙扎，彷彿也是上輩子或是他人的事，對我而言，如此隔膜。

我覺得自己是幸運的，酒精並沒有把我的人生全然搞砸，家人依然還守在身邊，身體和頭腦都算堪用，重回職場，也不覺得有什麼太大的困難。

但，聽過許多成員的故事，酒精讓他們失去了婚姻、健康、工作、和父母子女相處的時光，直到覺得自己的人生破碎不堪，不能再繼續下去，才終於決定積極處理酒癮問題。

可惜的是，酒癮走了之後，他們失去的東西並沒有回來。

許多成員坦承，當初戒酒都是為了挽回什麼東西，但當清醒之後，事情並不如願，又沒有酒精陪伴，人生反而瞬間變得更灰敗。痛苦如此真實而無可迴避，也促使他們再度走上酒海浮沉之路。

「只有為了自己戒酒，才會成功。」資深成員如是分享。

也有成員短暫的體驗清醒，卻發現根本無法不喝，家人聚餐，朋友聚會、應酬談生意，全都要喝，周遭的人並不理解酒癮患者必須遠離酒精的急迫性，而患者本身也羞於坦承成癮者的身分。通常僅僅一句：「我戒酒了。」就要面對一連串的問題與脅迫：「為什麼？吃中藥？等懷孕？脂肪肝？啊？對酒精過敏？喝酒治百病啦！」要不，一句「不喝就是不給面子」壓頂而來，搞得進退兩難，只好開喝。殊不知，酒鬼就是「外頭沾一口，回家喝一手」，復飲之後，再度墮入無間地獄。

「我問自己到底要不要停，或許是我自己不想停，因為喝酒本質是快樂的。」

「戒酒了，我的老婆沒有回到我身邊，她不相信我能停多久，所以我又開喝了。」

「我的債務沒有解決，數字愈算愈清楚，洞愈來愈大，心愈來愈慌。」

「清醒地看著媽媽的遺照，一切都是來不及、想當初。」

這些惆悵、失望、挫敗的話語，一層一層地堆疊成無形的城牆，將成員分成兩邊，來得及的和來不及的。

來得及的人們，喜孜孜地面對新生命，或許還有些心存僥倖，覺得自己已然戰勝酒精，凱旋歸來，直到下一次跌倒才知道，這是終身難逃的戰役，無謂勝負，只能不斷提著盾牌抵抗。

來不及的人們，先求不被懊悔打倒，再求抵抗酒精誘惑，然後憑著光裸的身軀，對抗真實生活的冰天雪地。

但，清醒之後，日子變得如此踏實，每一步，我們踏著確切的生命大地，傾聽與感受地表傳來穩定的迴響與震波，讓我們這些曾經迷失於混沌的無魂之人，找到了真實的身軀，就算這副身軀給我們苦痛、焦慮、失望，都比活在不生不死，無所適從，麻木而受酒精操縱的境界好。

AA成員裡有一位頗具江湖氣，說話直來直往毫不修飾的大姊，我非常喜歡和她聊天。

「我有點介意讓別人知道酒鬼的身分，妳覺得這樣是不夠誠實嗎？」我怯怯地問。

「哪一個人知道妳是酒鬼會稱讚妳？我們又哪來的美國時間解釋酒精上癮這件事情，算了，不要給人家將我們汙名化的機會，這社會上多的是想捅妳一刀的人。」

喔，我想寫出自己故事這件事，大姊肯定會把我狠狠地罵得狗血淋頭。

復飲時，幾乎被罪惡感壓垮的我，在會議啜泣，說對不起家人。

「郭小姐，我是不知道妳怎樣，我反正孤家寡人，自己賺錢養自己，不能工作就在家裡廢，我是覺得妳不要覺得對不起別人，妳真正對不起的只有自己。而且，跌倒也沒有什麼了不起的，妳愈是哭哭啼啼，好像什麼天大的災難，不過就是小擦傷，酒鬼的路還長不愁沒跌倒咧。」

喔，原來我只是個愛哭鬼。擦擦鼻子，好吧。

唯一一次，大姊認真跟我說話，是在我問了這個問題之後：「清醒之後的人生，真的有比較好過嗎？如果沒有比較好過，為什麼我們還要保持清醒呢？」

大姊沉默了一會兒，慢慢吐出幾個字：「對我來說，清醒就像回到剛出生的自己，世界一切都是新的，要重新學習的，會讓我受傷，但更多是精采跟興奮。」

啊，太棒了，清醒就是，剛出生的自己。

然後大姊又劈里啪啦說了一段話：「嬰兒會去喝酒嗎？會去吸毒嗎？都是成長的過程中我們犯賤，有了人格的缺失，然後依賴酒精毒品，所以我跟妳說，成人們都犯賤，成癮不要怪別人，也不要怪酒瓶，是我們一天到晚拿酒瓶砸自己的頭，就這麼簡單，不要想太多！」

就這樣，大姊輕鬆地大手一揮，將我腦中所有質疑一掃而盡。

一切都不容易，但一切也都很簡單。

回到原來的自己，一天一天走下去。跌倒了，爬起來，如此而已。

尾聲

無止境的漫漫長路

她想到塔拉，內心彷彿受到一隻溫柔而冰涼的手撫摸。她彷彿已看見紅葉環繞下的白屋散發微光，歡迎她歸鄉；彷彿已感覺到鄉間暮光如上帝賜福般照耀在她身上，帶來安詳的寂靜；感覺露水沾濕好幾英畝的棉花田，蓬鬆的白絮如星子般散布其中；紅土那生猛的顏色與綿延丘陵上的松林交織出的沉鬱美景歷歷在目。……「這一切等我明天回到塔拉再想吧，到時我就挺得住了……畢竟，明天又是全新的一天！」

——瑪格麗特．米契爾（Margaret Mitchell），《飄》（*Gone with the wind*）

黎明前的黑暗：病識感的重要性

自從我開始選擇性揭露自己酒癮患者的身分，就能從最常被問的話，判斷對方對酒癮的認識。

「那妳戒酒成功了嗎？」

會問這問題的大半是普通人，沒有處理過酒癮問題，身邊也沒有成癮患者。其實，酒鬼永遠沒有戒酒成功的一天，一旦成癮，我們一輩子都要處理這個問題，唯一能確定自己戒酒成功的那一天，就是進墳墓的那一天。

「妳跌倒過嗎？目前狀況如何？」

會這麼說的是箇中行家。我據實以告，每天起床，我只能問自己一個問題：今天能不能保持清醒？而對自己的要求，也僅僅是，今天我要做一個走在康復之路上的人，如此簡單。

手中揣著ＡＡ成員送給我的一枚 Token 紀念幣，上頭刻著阿拉伯數字「二十四」，將目標訂在今天，一天二十四小時，一個月三十天，一年三百六十五天，努力地串聯無數個成功的一天之後，並不回頭看，也不沾沾自喜，永遠將目標放在今天，不憂慮未來，不追念過去。

「我以為妳是憂鬱症？」

這疑問來自我最相熟的朋友、家人們。他們熟悉並能諒解我長久以來的身心狀況，但是第一次聽聞我是酒癮患者，並且對酒癮亦不甚了解。而這個問題，是我最怕的問題；這群人，也是我最難以面對的人。

曾經有很長一段時間，我也以為自己單純的只是憂鬱症患者，到身心科就醫，醫生從各種量表、問診、症狀，都判斷我是中到重度憂鬱症，開立藥物後，僅僅叮囑藥物不可與酒精混用，因此我在服藥期間也都遵循醫囑停酒，直到症狀好轉穩定，醫生判斷不須再服藥，我便恢復飲酒。當時我將自己身心狀況的低落與好轉，完全與憂鬱症藥物治療連結，有吃藥就會穩定，沒吃藥就會失常，絲毫沒有懷疑另一種可能性——不喝酒一切美好，喝酒才會步入惡性漩渦。

酒精濫用所帶來的失眠、食欲不振、對凡事都提不起興趣（只對酒精有興

我捲入絕望的海底。

如今想來，幸好ＡＡ對於「跌倒」的概念多所包容，鼓勵誠實；跌倒過後的我，在ＡＡ中能暢所欲言，沒有人會責怪我「意志不堅」、「又跌倒了」，反而會稱讚我「重點是有勇氣再次爬起的這一次，不是跌倒」，而其他成員也會在聽完我的自白與排山倒海的罪惡感之後，坦誠地說出心中最真實的感想：「還好我今天沒喝。」

時至今日，我還是會在絕大部分的時候承認自己是憂鬱症患者，並展現高度的開放感與同理心；而酒癮患者這個身分，也隨著我愈來愈坦然自若，不再遮掩。當然，我還是要面對各種不同面向的問題，來決定自己該如何溝通／說明／使人理解這項病症，但更多時候，我並不急著解釋。

接納憂鬱症，承認自己是酒癮患者，在兩種重疊又更迭的病症中起伏，用自己的步調誠實地踏穩每一步，犯了過錯便勇敢承認，面對別人的過錯，則以最大的包容心，和最大的能力幫助他／她。

我，就是自己生命的主人，不欠任何人解釋。

這麼近，這麼容易

妹妹曾經對先生說：「請你讓姊姊不要再喝酒了。」當時先生對酒癮和我一樣並無認識，他的回覆是：「感覺艾珊在喝酒時比較能放鬆，感覺到快樂，而且喝酒在我們家一直是美好的事。」故當時他並沒有建議我戒酒。一直到我們對酒癮有了正確的認識，他才自我反省，可能自己某一度也在酒癮邊緣，每天都必須喝上一手啤酒才能入睡。

不可否認的，喝酒仍然是件美好的事。

「何以解憂？唯有杜康。」只要理性飲酒，飲酒仍然是每個人自我的選擇。自我停酒以來，縱然婉拒身邊人的邀約，但他們享受飲酒，對我並不構成威脅，亦不會想跟著喝，只要不要喝到滿身酒氣，胡言亂語大舌頭，使我想起過去：「原來自己喝醉就是這麼回事。」我在飲酒的場合裡，還是挺悠閒自在的。

雖然看著別人喝酒對我不構成威脅，但深知酒精成癮是一種疾病，身體的代謝機制以及大腦的滿足機制出了問題，而基因遺傳是成癮的起因之一，我對自己的小孩們耳提面命，最好一滴都不要碰，他們也都欣然接受。我家小兒子，弟弟更是直言：「酒這麼臭，真不知道誰想喝！」令我暫時放下了擔憂。

正因酒精在社會上的普遍性、正當性和社交性，許多人正在成癮的邊緣並不自知；不幸的是，酒精一旦成癮，便成為了一種可醫不可癒的慢性疾病，和糖尿病、高血壓一樣，必須終身保養。

根據臺北市立聯合醫院松德院區院長暨主治醫師黃名琪所著文章〈認識酒癮〉當中，對「什麼是酒癮」，有清楚的說明：

酒精依賴，或我們俗稱的酒癮，根據美國國家衛生研究院酒精濫用與酒癮研究所的資料顯示，包含有以下的表現：

1. 就如高血壓一樣，酒癮是一個原發性而慢性化的疾病，受到遺傳、社會心理、環境多方面而影響到它的進程以及表現。
2. 對酒精會有強烈的渴求。

3. 失去對酒精使用的控制：一旦開始第一口酒便會一直想喝下去，也很難減量。

4. 對酒精產生依賴性：長期過量飲酒後，一旦減少或停止喝酒會出現戒斷症狀（包含冒汗、噁心、顫抖、焦慮、坐立不安，甚而幻覺或癲癇）。

5. 對酒精產生耐受性：顯著地增加酒精量來達到以前喝酒的效果。

6. 即使喝酒已經出現家庭，健康，或法律的問題，仍然繼續飲酒。

7. 經常是日漸惡化且危及生命。

8. 對於酒精相關問題多以合理化或否認面對。

而同樣一篇文章中，也對成癮者提供了簡單的自我評估方法：

以下四個問題中若有一題以上答案為「是」，就可能已經有酒癮了，要儘快找精神科醫師評估與處理。

1. 你曾經不想喝太多，後來卻無法控制而喝過量嗎？

2. 家人或朋友為了你好而勸你少喝嗎？
3. 對於你喝酒這件事，你會覺得不好或是感到愧疚（不應該）嗎？
4. 你曾經早上一起床尚未進食之前，就要喝一杯才覺得比較舒服穩定？

我希望看完這本書的每位讀者，都能鼓起勇氣，誠實面對自己是否有成癮的風險，如果沒有，很好，繼續理性飲酒，享受生命中所有美好的事物；一旦有疑慮，不要遲疑，立即前往成癮科問診。醫生並不會強制你用藥，而會用專業的問診，以生理檢驗（抽血）關注正常肝腎功能指數，佐以必要的諮詢手段，幫助你更了解自己的癮症——有無、輕重、處置方式。

容易成癮的事物，總是這麼近，這麼容易，又這麼美好，唯有誠實面對自己，勇敢求助他人，才能免於成癮深淵，和心愛的人共享每一刻幸福時光，身心圓滿。

感謝憂鬱症和酒癮，使我變成更好的人

這本書寫至尾聲時，回憶如同絲線，牽著我往前再往前走，終到這段康復之路的初初開始，因酒精性肝炎入院的痛苦時刻。

先生還沒能從上海回來之前，每夜在身邊看顧我的，是蜷伏在病房沙發上的父親。當時他已經七十多歲，還在我身邊折騰，雖說平時他只要睡下，鼾聲不停，雷都打不醒，但猶記我在醫院的幾個晚上，每次病房門一打開，他就會坐起身，面露擔心。

我記得自己看著父親的睡臉，看著他的滿頭銀髮，眉尾也有幾根長長的白毛，眉頭緊緊皺著。因為他不常開燈睡覺，病房裡的亮光，一定讓他難受。明天，我得記得讓妹妹帶個眼罩過來給他。

我記得那天再過兩個小時就天亮了，父親屬雞，從小就跟我們自稱老公雞，習性亦與公雞相似，天亮即起。從我住進病房觀察後，他便堅持每天來「陪睡」，無論我如何勸退，向他說明，護理師是二十四小時輪值，我安全無虞，且雙人病房

我的人生開啟了更多可能性，也一併改變了我身邊的人的生活，可能剛開始，我拖著家人墜入黑暗，但隨著自我覺醒、病識感、摒除罪惡感、求助……等等過程，家人也和我一起重返光明，並且得見更健康、更溫柔、更能自愛與愛人的我。

這就是我的經歷、我的故事，希望透過書寫，分享給更多的人，期待你們都能變成更好的自己。

眾聲

我這麼幸福，為什麼還需要灌醉自己？

外商經理人的酒精成癮、重整人生之路

2024年12月初版　　定價：新臺幣380元
2025年2月初版第二刷

著　　者　郭艾珊
叢書主編　黃淑真
校　　對　馬文穎
內文排版　張靜怡
封面設計　張芷瑄

出版者　聯經出版事業股份有限公司
地址　新北市汐止區大同路一段369號1樓
叢書編輯電話　(02)86925588轉5322
台北聯經書房　台北市新生南路三段94號
電話　(02)23620308
郵政劃撥帳戶第0100559-3號
郵撥電話　(02)23620308
印刷者　文聯彩色製版印刷有限公司
總經銷　聯合發行股份有限公司
發行所　新北市新店區寶橋路235巷6弄6號2樓
電話　(02)29178022

編務總監　陳逸華
副總經理　王聰威
總經理　陳芝宇
社長　羅國俊
發行人　林載爵

行政院新聞局出版事業登記證局版臺業字第0130號

本書如有缺頁，破損，倒裝請寄回台北聯經書房更換。　ISBN　978-957-08-7550-8 (平裝)
聯經網址：www.linkingbooks.com.tw
電子信箱：linking@udngroup.com

本書獲國藝會文學類創作補助

國家圖書館出版品預行編目資料

我這麼幸福，為什麼還需要灌醉自己？外商經理人的酒精成癮、重整人生之路/郭艾珊著．初版．新北市．聯經．2024年12月．272面．14.8×21公分（眾聲）
ISBN　978-957-08-7550-8（平裝）
[2025年2月初版第二刷]

1.CST：自我實現

177.2　　113017536